OSEZ VOTRE ÂGE

libérez votre puissance

De la même auteure aux éditions Leduc :
Belle et bien dans son âge, 2021.
J'ai l'âge que je veux, 2023.

Leduc s'engage pour une fabrication écoresponsable !
« Des livres pour mieux vivre », c'est la devise de notre maison.
Et vivre mieux, c'est vivre en impactant positivement le monde qui nous entoure ! C'est pourquoi nous choisissons nos imprimeurs avec la plus grande attention pour que nos ouvrages soient imprimés sur du papier issu de forêts gérées durablement, et qu'ils parcourent le moins de kilomètres possible avant d'arriver dans vos mains ! Pour en savoir plus, rendez-vous sur notre site.

Conseil éditorial : Ariane Geffard
Édition : Carole Fossati
Correction : Camille Le Dain
Maquette : Leslie Tardif
Design de couverture : Caroline Gioux
Photographie : Laurence Revol

76, boulevard Pasteur
75015 Paris – France
ISBN : 979-10-285-3306-9

NATACHA
DZIKOWSKI

OSEZ VOTRE ÂGE

libérez votre puissance

TOUTES LES CLÉS
POUR BOOSTER
VOTRE AMBITION
ET RAYONNER

LEDUC

*Et si le milieu de vie
était en fait le meilleur moment
pour affirmer notre puissance,
notre plein potentiel ?*

*« À 20 ans, j'ai compris qu'être une jolie femme,
c'était un problème. Que n'être pas jolie,
c'était aussi un problème. Que vouloir des enfants,
c'était un problème. Qu'être une femme
qui ne voulait pas d'enfant, c'était un problème.
Que vouloir réussir sa carrière, c'était un problème.
Que préférer s'occuper de ses enfants
plutôt que de faire carrière, c'était un problème.
Tout étant un problème, j'ai décidé d'être claire
sur ce que je voulais et d'assumer mes choix. »*

Anna Notarianni,
présidente de Sodexo France

INTRODUCTION

Ce n'est plus, ou pas de ton âge !!! Combien de fois avons-nous entendu cette phrase couperet qui dit ce qui nous est autorisé et ce qui ne l'est pas ou plus ? Comme si à chaque âge correspondait un comportement, une fonction, un look, une place. Et quand on parle travail, de vie active, alors là, à partir de 45 ans, on commence à nous mettre dans une case de senior, entendez : bientôt trop vieille pour continuer à avoir de l'ambition, une carrière, une vie professionnelle active, trop vieille pour que l'entreprise investisse sur nous !

Un moment où, en gros, l'âge devient une source de discrimination, une identité. Soudainement, NOUS DEVENONS NOTRE ÂGE, nous sommes réduites à notre âge et à sa cohorte de préjugés négatifs associés. Plus nous avançons en âge et plus la discrimination couplée au sexisme s'intensifie, s'accentue.

Quand on parle d'âge, de prendre de l'âge, de vieillir, on sent une gêne, un embarras, un sujet qui dérange. 50 ans, c'est comme un grand blanc qui s'annonce, où les femmes disparaissent, s'évanouissent. Du moins, c'est la destination qui nous est, ou nous était réservée, car à nous de faire entendre notre voix, et de **refuser cet ostracisme de genre.**

Oui, nous sommes tout à fait en droit de refuser cette mise à l'écart, de dénoncer l'âgisme, cette discrimination abusive qui nous frappe de plein fouet. Le temps de la révolte a sonné. Il nous appartient **de faire porter notre voix** et de refuser cette invisibilisation professionnelle des femmes après 50 ans.

50 ans aujourd'hui, ce n'est pas 50 ans il y a trente ans. **50 ans, aujourd'hui, c'est la force et la puissance du milieu de vie, la « mi-vie ».** C'est l'opportunité d'assumer sa féminité autrement, de s'affranchir des masques que, plus jeunes, nous avons dû porter pour construire notre vie sociale, professionnelle, familiale, personnelle. C'est une énergie différente pour devenir... la personne qu'on a envie d'être, pour continuer à construire, bâtir.

Le milieu de vie est une opportunité de développement personnel incroyable, **une étape d'envol,** qui est faite pour nous aider à profiter de nos compétences, de nos expertises et de nos expériences. En aucun cas notre mise au placard ne se justifie. Le développement de la vie professionnelle ne devrait pas être réservé aux vingtenaires ou aux trentenaires, mais ouvert à toutes les femmes qui en expriment le désir, la volonté.

> *« L'ambition n'a pas de sexe, pas plus qu'elle n'a d'âge ! »*

Pourtant, quand on parle d'ambition féminine, les qualificatifs ne sont pas tendres : opportunistes, carriéristes, égoïstes... les femmes qui ont de l'ambition et qui l'affichent ne laissent pas indifférent !

Oui, à 50 ans, on a le droit de vouloir continuer à avoir une carrière, un job intéressant, épanouissant. Les entreprises ont une révolution à faire, celle qui consiste à intégrer l'intergénérationnel comme un atout de développement, une richesse, un levier de compétitivité, de performance. Et nous, nous pouvons transformer l'après 50 ans en un moment d'épanouissement et de puissance.

Et tout cela **se prépare, s'anticipe, se construit.**

Le point de départ est le refus des narratifs traditionnels à propos des femmes seniors qui quittent leur job pour faire autre chose, chercher du sens, profiter de la vie, se consacrer à une passion... Ces narratifs très puissamment ancrés dans les consciences collectives masquent la réalité de la discrimination professionnelle dont nous sommes les victimes, et ont pour objectif de nous faire porter la responsabilité de notre mise à l'écart dans les entreprises.

Parmi ces narratifs, il y en a deux qui sont très puissants, car bien ancrés dans les inconscients collectifs, socles de nos pensées limitantes : le déclin et la liberté.

— Le déclin, la régression, dû à une accumulation de facteurs négatifs liés à l'âge : corps qui vieillit, ménopause, syndrome du nid vide... qui font que les femmes ne sont pas assez combatives, ambitieuses, résilientes, qu'elles sont incapables de jongler entre des environnements complexes, de résister à la pression, qu'elles manquent de confiance en elles, ne savent pas se vendre ou prendre leur place...

— La liberté : on envoie tout balader à la recherche de la « good life », de la retraite, évasion dorée.

En fait, il existe un troisième narratif, celui de **l'âge genré,** de l'âgisme genré, qui pointe du doigt les femmes de 50+, qui promeut la jeunesse comme étalon de mesure universel, comme marqueur de compétitivité, de performance, de créativité. Et ce faisant qui fait de **l'âge un biais puissant, une discrimination négative** qui fragilise les positions des femmes de 50+ dans l'entreprise, la vie sociale et personnelle.

Oui, il est possible après 50 ans de vouloir continuer à développer sa carrière, à évoluer dans son organisation ou une autre, se lancer dans l'entrepreneuriat à partir du moment où il est volontaire et non forcé. Or, trop souvent, il est l'unique porte de sortie offerte aux femmes désireuses de poursuivre leur vie professionnelle après 50 ans. Est-ce acceptable ? Non. Avons-nous des leviers d'action à notre disposition ? Oui, et c'est tout l'objet de cet ouvrage.

Dans ce guide, *OSEZ VOTRE ÂGE, LIBÉREZ VOTRE PUISSANCE,* je vous donne toutes les clés pour développer votre employabilité, conserver et entretenir votre confiance en vous et en votre potentiel, muscler votre audace, oser saisir les opportunités, vous affirmer, savoir demander, oser prendre des risques. Nous parlerons aussi de l'ambition féminine, du travail sur votre image professionnelle, votre « personal branding », car l'image n'est surtout pas une question superficielle. Et également de notre légitimité et de comment l'entretenir pour en faire le socle de notre puissance et de notre durabilité.

Vous y apprendrez comment penser votre vie comme une entreprise, apprendre le risque, prendre votre place, assumer votre ambition, accroître votre visibilité, **comment jouer pour gagner.**

Oui, on peut rester au top de sa vie professionnelle même après 50 ans. Nous en avons le droit et le pouvoir. Il nous appartient de conduire le changement, de l'initier, de nous révolter contre le statu quo de l'âgisme, contre les discriminations de l'âge.

J'ai pensé ce guide comme un manuel de **révolte active** dans lequel je vous donne les (mes) clés pour reprendre le pouvoir sur votre carrière et votre vie professionnelle.

Je m'appelle Natacha Dzikowski. J'ai passé une très grande partie de ma vie professionnelle en entreprise. Un jour, j'ai eu 52 ans et j'ai senti le couperet du « trop chère, trop vieille » tomber. J'en ai ressenti une injustice profonde. Je me suis relevée et j'ai décidé de faire de la lutte contre l'âgisme sous toutes ses formes un combat. Passionnée par la santé, le bien-être, le développement personnel, j'ai décidé d'aider les femmes à prendre possession de leur âge pour leur permettre de l'habiter sans complexes et en puissance.

Que vous ayez 40, 50, 60 ans, ce guide est fait pour vous aider à exprimer toute votre puissance et à vous épanouir dans votre carrière professionnelle, quelle qu'elle soit. Oui, les femmes peuvent avoir de l'ambition à tous les âges, oui, nous avons le droit d'exprimer notre plein potentiel comme bon nous semble. En voici les clés d'action !

“

Le prétendu ÂGE D’OR est une ILLUSION.

”

« Je pense que l'une des choses les plus importantes que nous puissions faire pour lutter contre le sexisme et la discrimination liée à l'âge est de parler ouvertement de ces problèmes et de partager nos propres expériences. »

Ginni Rometty,
ancienne P.-D.G. d'IBM

PROLOGUE
LES DÉFIS DE L'ÂGE

L'âge n'a pas bonne presse

Personne n'aime vraiment parler d'âge, de son âge. La faute à ? L'âgisme et sa cohorte de stéréotypes tous plus négatifs les uns que les autres, où il n'est question que de pertes, de moins, de régression. **Qu'est-ce que l'âgisme ?** C'est une discrimination par l'âge qui conduit à dévaloriser le vieillissement et les vieux. C'est l'association de l'âge au naufrage, tant physique que mental, qui rend le « vieillir » difficile et anxiogène. Il donne au jeunisme la primauté, et crée une équation assez perverse et totalement fausse entre jeunesse et attractivité, jeunesse et créativité, jeunesse et compétitivité, jeunesse et visibilité.

Une discrimination qui prend sa source dans cette association systématique de l'âge avec l'imaginaire de la diminution, de la perte, de la dégradation physique et mentale. La liste de tout ce que nous ne pouvons prétendument plus faire est vertigineuse et on pourrait s'en moquer si les conséquences n'en étaient pas si dévastatrices. Je suis certaine que comme moi, vous avez souffert ou souffrez de cette discrimination, ou que vous avez autour de vous de super copines qui en font les frais. Car au bout de cette discrimination, que trouve-t-on ? La mise au rancart, la relégation en dehors de là où ça se passe, en dehors de la vie active.

Un faux-semblant qui a la vie dure. La vie n'est pas une série Netflix qui se découpe en saisons et en épisodes. C'est un continuum avec différentes phases, toutes complémentaires et enrichissantes. Il n'y a pas un moment de « climax » où nous serions à notre apogée tant professionnel que personnel, et ensuite un lent déclin jusqu'à la mise en veille et la disparition.

Moi, je vois la vie plutôt comme une aventure avec différents moments, sensations, émotions, envies, désirs. Surtout, je pense que l'on construit sa vie, qu'on est aux commandes. Au fil de mes rencontres et de mes échanges avec vous, je me suis rendu compte que c'est une attitude qui n'est pas encore complètement ancrée dans le mental des femmes. Trop souvent, nous acceptons des rôles prédéfinis « parce que c'est comme ça » même si en fait ils ne nous conviennent pas. Résultat, parfois on se retrouve fragilisées au tournant de la quarantaine, du milieu de vie, car de multiples évènements entrent en collision : famille, couple, travail, carrière professionnelle… nous pouvons avoir le sentiment d'évoluer sur des sables mouvants, où tout doit aller vite, trop vite.

« Vieillir fait peur. »

C'est clair. Il y a de telles images négatives associées au vieillissement que la peur semble naturelle, légitime. Cette peur touche les femmes de plus en plus jeunes. Il n'est pas rare de croiser dans les cabinets de médecins esthétiques des jeunes trentenaires désireuses d'effacer toute ridule ou ride naissante, tellement vieillir les terrifie. Quand j'entends parler de crèmes anti-âge pour les petites filles, je suis sidérée par tout le narratif caché qui instille la peur de l'âge dès l'enfance. C'est complètement aberrant d'ostraciser l'âge à ce point.

Surtout que la plupart de ces assertions sont fausses ou tronquées.

Ça commence par la dégradation physique associée à l'âge. Une sorte de déclin plus ou moins long, lent, pénible, où nous nous rétrécissons faute de trouver notre place. Le monde du travail est cruel et l'âge n'y est pas valorisé, ou alors uniquement durant cet éphémère âge d'or (en gros entre 30 et 40 ans), et plus particulièrement pour les femmes.

Alors, vieillir nous fait peur, car nous associons âge et retrait progressif de la vie active. Et bien souvent le travail est identitaire. Nous nous définissons par ce que nous faisons. Perdre son job peut être associé à la peur de perdre sa place, son utilité sociale, son rôle, sa valeur. L'entreprise est un lieu de stabilité, de socialisation, d'inclusion dans la vie active, elle permet d'être là où ça se passe. Être exclue de la vie active est angoissant. Cela revient à se sentir bien souvent exclue de la vie tout court, à se retrouver à la marge, à être cantonnée dans un périmètre aux abords de là où tout se passe, sans clé d'accès.

L'âge est un biais de recrutement majeur dans notre société. Ne nous voilons pas la face. Alors que la démographie va dans le sens d'un allongement de la longévité individuelle en bonne santé, les entreprises considèrent qu'à partir de 50 ans, les individus ne sont plus assez performants. Âge et performance sont imbriqués l'un dans l'autre, surtout dans les métiers non manuels où la force physique n'est pas un prérequis.

LES SENIORS EXCLUS *du monde du travail*

Les chiffres sont édifiants. Dans une étude menée par l'Institut français des seniors et seniorsavotreservice.com en 2023 en ligne, on découvre que :

- 14 % seulement des seniors se sont vu proposer une formation dans leur entreprise ;
- 75 % des D.R.H. reconnaissent privilégier des profils jeunes dans leur recrutement ;
- les 3/4 des demandeurs d'emploi seniors ont déjà été discriminés à cause de leur âge, dont 50 % systématiquement.

Vieillir génère de la frustration.

L'âge n'est ni un délit ni une faute. Pourquoi serait-il sanctionné ? Ce n'est un secret pour personne que les entreprises en France n'intègrent pas les 50+. La faute à qui ? à quoi ? Aux archétypes qui considèrent les 50+ comme peu adaptés aux outils numériques, peu flexibles, moins curieux et ayant des rémunérations très/trop élevées.

Une fois ces arguments posés, comment faire pour avancer ? Comment dépasser ces freins à notre embauche, à nos progressions au sein des entreprises ? Nous sommes en droit d'avoir envie d'avoir une carrière après 50 ans, de poursuivre notre vie active.

Combien de fois avons-nous entendu ces phrases discriminantes, « vous êtes trop couteau suisse », « vous avez trop d'expérience » ? Elles sont une des facettes de l'âgisme, qui avance masqué dans de nombreuses directions. Spécialement dans notre direction à nous, les femmes.

Nous ne sommes pas sur un pied d'égalité avec nos collègues masculins qui ont pu naviguer dans leur vie professionnelle avec plus de liberté, moins d'injonctions et moins de charge mentale. Rarement, on leur fait reproche de leurs expériences ou de leurs casquettes multiples. Ça nous est réservé, cet ostracisme, cette discrimination qui pose qu'à partir de 50 ans, l'obsolescence programmée des femmes s'enclenche.

La double peine des femmes, âgisme et sexisme

Oui, l'âge est genré. Nous ne vieillissons pas de la même façon que les hommes, du moins dans l'imaginaire collectif. Pour être plus juste, la perception par la société de notre vieillissement n'est pas la même que celle des hommes. Car pèsent sur nous des injonctions physiques dont les hommes ne souffrent pas. Nous sommes trop souvent définies par notre corps qui dit notre valeur sociale. Un homme qui a de l'embonpoint est un bon vivant. Pour une femme, vous entendrez qu'elle se laisse aller ou qu'elle est ménopausée. Et les exemples de ce type sont légion ! Le sexisme combiné à l'âgisme est une puissante discrimination qui pèse lourdement sur les femmes, entachant leur confiance en elles, leur visibilité et le développement de leur carrière professionnelle.

De plus, le vieillissement masculin s'accompagne souvent d'une valeur ajoutée : expérience, expertise, pouvoir, richesse, charme... là où celui des femmes est stigmatisé, décrié car trop centré, réduit à leur physique, leur esthétique. C'est comme si on cherchait à gommer l'âge des femmes.

En clair, les femmes ne sont pas autorisées à vieillir.

À ce titre, les remarques violentes sur le physique de Sarah Jessica Parker à la sortie de *And Just Like That*, suite de *Sex and the City*, sont tout aussi choquantes qu'édifiantes. Elle avait eu cette réponse si simple et empreinte d'un désarroi si compréhensible : « Que voulez-vous que je fasse, arrêter de vieillir ? » Quant à Andie MacDowell, lassée des remarques sur ses cheveux gris, elle a décidé de couper court aux critiques en assénant : « J'ai été jeune, je ne veux plus l'être. Être une personne plus âgée qui essaye d'être jeune, c'est trop d'efforts. Je ne peux pas continuer la mascarade. »

Je n'ai pas souvenir d'avoir entendu une remarque sur l'âge ou la couleur de cheveux de Kevin Costner, de Hugh Grant, de Clint Eastwood, de Mick Jagger... Je pourrais continuer à l'infini sans en trouver une.

C'est donc l'âge des femmes qui est stigmatisé en premier lieu.

La faute à qui ? À la ménopause bien sûr, qui est trop souvent associée au vieillissement accéléré des femmes, qui tout à coup ne sont plus aussi utiles. Il ne faut pas sous-estimer le poids de l'imaginaire collectif et des stéréotypes.

Que racontent-ils à propos de la ménopause ?

Que soudain, à partir du moment où notre corps ne peut plus procréer, nous cessons d'être de vraies femmes, nous devenons invisibles. Oui, car l'être femme est souvent réduit à la maternité. **Or être femme et être mère sont deux choses distinctes.** La confusion de ces deux états aboutit à une équation assez maléfique qui pose que le corps en bonne santé des femmes est le corps qui se reproduit. Quand les règles cessent, que la fonction « maternité » est débranchée, alors l'invisibilisation des femmes commence. Ce processus est à l'œuvre de façon insidieuse, évidemment. Et il repose sur un énoncé faux.

La ménopause n'est pas une maladie et le corps des femmes ne se dégrade pas à la ménopause. Le corps change, s'adapte à la nouvelle donne hormonale sans pour autant être malade. La seule chose qui s'arrête à la ménopause, ce sont les règles. **Nous restons des femmes à 100 % avec 100 % de nos capacités.** Oui, les effets collatéraux de la ménopause, surtout avant qu'elle ne s'installe, pendant la période de préménopause, peuvent être désagréables et perturbants. Pour autant, ils ne justifient absolument pas que la carrière des femmes en soit entravée.

Car bien souvent à la ménopause physique s'ajoute la ménopause sociale, celle qui implicitement dit que les femmes sont appelées à jouer un autre rôle, en dehors de la sphère professionnelle. Elles peuvent être grands-mères, s'investir dans des associations, aller au couvent, comme le rappelle Sophie Dancourt dans son livre *Vieille, c'est à quelle heure ?*. Bref, disparaître de l'espace professionnel actif.

Pourquoi devrions-nous accepter cette mise à l'écart des entreprises ? C'est une discrimination, une des dernières à être assumées sans aucun état d'âme. Nous avons le droit et même le devoir de la dénoncer et de nous révolter devant ce « deux poids, deux mesures » manifeste. Les conséquences de cette mise à l'écart des femmes de 50+ se mesurent en termes économiques, créant une disparité de revenus, de patrimoines, de retraites.

Vieux, c'est à quel âge ?

L'âge fait partie de la vie. Nous avons 3 âges qui ne coïncident pas toujours :

— Notre âge civil, sur lequel nous n'avons pas de prise. C'est un fait.

— Notre âge biologique, celui de nos cellules, sur lequel nous pouvons agir par notre mode de vie, nos comportements.

— Notre âge perçu, celui que les autres nous renvoient. Là intervient le travail collectif que nous devons mener pour éradiquer la « mauvaise image » de l'âge.

GÉNÉTIQUE ET ÉPIGÉNÉTIQUE : QUI FAIT QUOI DANS LE PROCESSUS DE VIEILLISSEMENT ?

La génétique correspond à l'étude des gènes. L'épigénétique s'intéresse, elle, à une « couche » d'informations complémentaires qui va définir comment ces gènes vont être utilisés ou ne pas l'être par une cellule. La manière dont les gènes s'organisent dans les chromosomes et dans le noyau de la cellule pour permettre leur expression et la régulation de leur expression constitue l'épigénome. Notre épigénome peut être influencé par l'alimentation, le mode de vie… Il se modifie en fonction de l'environnement et avec lui l'expression des gènes. C'est ce qui se passe quand une cellule vieillit : la cellule subit

> *un ensemble de stress liés à ses activités propres, au contact de différentes molécules ou en raison de dommages ou de réparations qu'elle doit mettre en place, entraînant parfois des modifications de l'épigénome. Selon le Dr Olivier Courtin, auteur de* Devine mon âge si tu peux *(éditions Marabout), « seuls 15 % de notre patrimoine génétique déterminent notre santé et notre longévité. Les 85 % restants sont modulés par nos comportements et leurs effets sur nos gènes, à savoir l'épigénétique. Notre environnement, notre alimentation, notre façon de vivre et de gérer notre stress, notre réseau familial et professionnel interfèrent avec notre longévité cellulaire. Nous sommes donc responsables de notre santé et de notre bien-être ».*

Ce qui est assez réjouissant dans les recherches scientifiques actuelles sur le vieillissement et ses causes, c'est que, de plus en plus, il apparaît comme un processus dépendant majoritairement de notre hygiène de vie.

Notre épigénome peut être influencé par notre mode de vie, notre alimentation, nos activités physiques... Il se modifie en fonction de l'environnement et avec lui l'expression de certains gènes. Plus on avance en âge, plus la part de l'épigénétique croît aux dépens de la part génétique, à proportion de la longévité.

Notre âge biologique, c'est-à-dire celui de nos cellules, est la résultante à 80 % de notre hygiène de vie. Nous pouvons donc agir sur notre vieillissement cellulaire. Par nos comportements, nous pouvons l'accélérer ou au contraire le ralentir. **Notre hygiène de vie influe sur notre façon de vieillir.** C'est ce que démontrent à longueur de publications les scientifiques, comme le Dr David Sinclair aux USA, Jean-Marc Lemaitre en France et le Dr Olivier Courtin, entre autres.

→ LES 4 LEVIERS D'ACTIVATION DE NOTRE LONGÉVITÉ EN BONNE SANTÉ

Alimentation, sport, restriction calorique et réduction du stress sont les 4 habitudes clés à intégrer le plus tôt possible à son mode de vie.

1. Une alimentation saine et source de vitalité

MANGEZ MOINS ET MIEUX. Oui, notre alimentation a le pouvoir de jouer pour nous ou contre nous. Je ne parle pas ici de régimes, car les restrictions sur le long terme ne fonctionnent pas. Plus nous imposons à notre corps des restrictions alimentaires, plus le corps se met en mode survie et résiste à la perte de poids, se sentant en danger. Les régimes hypocaloriques produisent les effets inverses de ceux que nous recherchons.

Il est en revanche établi qu'il existe des aliments créateurs d'inflammation chronique potentiellement délétères pour notre santé qu'il est bon de connaître afin de les éliminer. Une alimentation déséquilibrée, riche en sucres, en graisses et en nourriture industrielle peut rendre l'intestin perméable. Des molécules indésirables passent alors dans le sang, provoquant l'inflammation de l'organisme et pouvant déboucher à terme sur des maladies auto-immunes ou d'autres pathologies plus graves. **Notre assiette est un outil puissant pour agir sur notre longévité en bonne santé.**

Qui sont les fauteurs de troubles les plus dangereux ?

- La nourriture industrielle

Les plats ou aliments ultratransformés sont néfastes pour la santé en ce sens qu'ils affectent et altèrent notre microbiote intestinal, véritable chef d'orchestre de notre santé. Tout passe par lui. Le moindre déséquilibre engendre des effets négatifs sur la peau, le sommeil, le poids, le système immunitaire...

Par ailleurs, ces aliments ultratransformés accroissent les risques de maladies cardio-vasculaires et engendrent des pics de glycémie. Ils sont créateurs de résistance à l'insuline, de surpoids et de maladies dites de civilisation, comme le diabète de type 2. Peu rassasiants, ils donnent envie de se resservir.

- Le sucre

Il est présent partout, y compris dans les féculents sous forme d'amidon, décomposé en glucose lors de la digestion. Il est responsable de la prise de poids et il est inflammatoire pour notre organisme, source de fatigue, de pulsions sucrées et à terme de maladies. L'envie de sucre est addictive. Plus on en consomme, plus notre organisme en demande. Résultat, une hyperproduction d'insuline pour réguler cet afflux de sucre dans le sang et un stockage des graisses dans les adipocytes.

GLYCÉMIE, INSULINE, PRISE DE POIDS

Fabriquée par le pancréas, l'insuline assure l'équilibre du taux de sucre dans le sang (la fameuse glycémie). Elle permet au sucre circulant dans le sang de pénétrer dans les cellules, dont il est la principale source d'énergie.

Une fois que la cellule a récupéré l'énergie dont elle a besoin, si du sucre en excédent continue de circuler dans le sang, l'insuline va le stocker sous forme de graisses (les triglycérides) dans les adipocytes. Et nous les connaissons bien, ces fameuses cellules qui absorbent et localisent les graisses, gonflant et enflant comme des ballons, ce sont elles qui sont à l'origine de la cellulite. Plus le taux de sucre circulant dans le sang est élevé, plus l'insuline est élevée, plus les cellules développent des résistances à l'action de l'insuline.

Résultat : le sucre reste dans le sang au lieu de pénétrer dans la cellule. Le sucre en excès va être stocké sous forme de gras dans le tissu adipeux. Mais ce n'est pas tout, l'insuline va aussi

empêcher le corps de brûler les graisses. Elle peut donc limiter la perte de poids.
À terme, au-delà de disgracieux amas de graisse, cela peut vous amener au diabète.

Qu'est-ce qui déséquilibre l'insuline ?

- *Une alimentation trop riche en sucre, la nourriture industrielle ultratransformée pleine de sucres raffinés et cachés, car ils sont présents aussi dans les aliments salés (exemple : le jambon sous vide).*
- *Les farines blanches raffinées.*
- *Les aliments à index glycémique haut.*
- *Les boissons sucrées de tous types, y compris les jus de fruits, véritables bombes de sucre, surtout si vous les achetez tout faits.*

Pour éviter l'hyperglycémie, une montée dangereuse de sucre dans le sang, le pancréas doit sécréter de plus en plus d'insuline.
Or l'insuline est une hormone qui fait entrer les graisses sous forme de triglycérides dans le tissu adipeux, avec pour résultat d'aggraver le surpoids et d'accélérer l'évolution vers le diabète. L'insuline augmente la vitesse globale du vieillissement et est un promoteur de tumeurs.
Malgré l'élévation de l'insuline, le sucre entre de moins en moins bien dans les cellules, y compris les neurones. Le taux de sucre augmente dans le sang. Début du diabète. Le sucre en excès dans le sang se colle à toute protéine rencontrée et en réduit l'efficacité, allant jusqu'à paralyser progressivement l'ensemble des fonctions, notamment la production d'énergie, les défenses anti-infectieuses. L'inflammation et le stress oxydatif s'élèvent, la vitesse du vieillissement s'accroît ainsi que les risques cardio-vasculaires et de maladies dégénératives.
Maîtriser la sécrétion d'insuline, c'est la façon la plus efficace d'éviter le stockage de la graisse, l'obésité et le diabète de la

maturité, responsables de complications qui compromettent l'espérance de vie. L'excès d'insuline, sécrétée à la suite d'une consommation excessive de calories et de sucres, entrave le mécanisme de fonte des graisses qui doivent être brûlées dans les mitochondries et transformées en énergie. Conséquences : nous gardons un excès de poids et de graisses, et nous avons moins d'énergie.

La solution santé : l'alimentation à IG bas

L'index glycémique, c'est le pouvoir sucrant d'un aliment. Il permet de comparer la capacité des aliments à accroître le taux de sucre dans le sang. Il indique la vitesse à laquelle le glucose se retrouve dans le sang. Plus l'IG est élevé, plus le taux de sucre dans le sang va augmenter rapidement après l'absorption de l'aliment, entraînant une forte production d'insuline. Quand l'organisme reçoit une trop forte quantité de sucre, il transforme et stocke l'excédent dans le tissu adipeux sous forme de graisses.

D'où ma recommandation d'opter pour une alimentation à IG bas qui permet de manger de tout (glucides, lipides, fibres et protéines) en tenant compte de la qualité nutritionnelle des aliments.

— Glucides : on élimine les farines blanches, que l'on remplace par des farines semi-complètes ou intégrales. Oui au pain au levain, aux légumineuses, riz, pâtes d'épeautre, de sarrasin...

— Protéines : indispensables à notre organisme, ce sont ses briques fondatrices. Animales ou végétales, vous choisissez.

— Fibres : elles sont essentielles à notre microbiote et elles participent au ralentissement de la digestion de l'amidon et du sucre. On les trouve dans les légumes et les fruits.

— Les bonnes graisses : huiles première pression à froid (olive, lin, colza, cameline...), avocat, oléagineux...

Pour aller plus loin sur ce sujet de l'alimentation à IG bas et apprendre des recettes goûteuses et faciles à réaliser, je vous recommande les ouvrages de mon amie Berengère Philippon et notamment *Zéro sucre & IG bas, le déclic santé* aux éditions Larousse.

2 • Le sport et le mouvement

BOUGER, ENCORE ET TOUJOURS. L'activité physique est au cœur de tout mode de vie vertueux, car le mouvement participe à l'entretien d'un organisme en bonne santé. « Bouger est un médicament », nous dit le Dr Olivier Courtin.

Grâce à l'activité physique, on augmente l'autophagie des cellules, c'est-à-dire l'élimination des cellules défectueuses, et ce faisant on permet le recyclage des déchets cellulaires. Les cellules souches sont stimulées, et les bienfaits du sport et du mouvement touchent tout l'organisme : cœur, poumons, os, muscles, articulations et cerveau.

Oui, le sport a un impact positif sur nos fonctions cognitives. Il atténue la neurodégénérescence et les déficits cognitifs associés. L'activité physique augmente les volumes cérébraux, selon une étude américaine publiée en décembre 2023 dans la revue médicale *Journal of Alzheimer's Disease*. L'étude indique qu'une activité modérée et régulière (un minimum de 4 000 pas/j) est suffisante pour agir positivement sur le cerveau.

Au niveau cellulaire, l'exercice sous toutes ses formes atténue le raccourcissement des télomères, qui sont un des marqueurs du vieillissement. Plus ils sont courts, plus ils indiquent que les cellules sont en fin de réplication.

Prenez la marche. Elle est la forme la plus naturelle de mouvement. La règle des 10 000 pas par jour est intelligente, elle correspond aux kilomètres que parcouraient nos ancêtres tous les jours pour leurs déplacements quotidiens (entre 10 et 16 km/j là où en moyenne nous faisons aujourd'hui

2 km/j !). Une étude parue dans *The Lancet* en 2022 estime que les bénéfices sont optimaux entre 8000 et 10000 pas par jour pour les moins de 60 ans, et 8000 pour les plus de 60 ans. Alors, on réduit de 50 % nos risques de mortalité par rapport aux personnes sédentaires. Vous pouvez faire ces pas en marchant et/ou en pratiquant une activité sportive (vélo, natation, course, tennis, marche nordique, jogging...).

La conséquence du sport sur notre organisme est une diminution de « l'inflammaging » (une inflammation qui se diffuse dans l'organisme), une dynamisation de notre système immunitaire et une amélioration de sa fonctionnalité altérée par le vieillissement. Le caractère bénéfique de la pratique sportive sur la santé pourrait donc s'expliquer par le fait qu'elle maintient en éveil la capacité du système immunitaire, et notamment celle des macrophages à reconnaître et à détruire les cellules sénescentes.

À quel rythme bouger ?

L'OMS recommande 150 minutes d'activité physique d'intensité modérée par semaine ou 75 minutes d'activité physique intense. Le mieux est d'associer les deux en ajoutant deux séances de renforcement musculaire par semaine. En effet, faire un travail de résistance avec des poids et/ou sur machines permet de tonifier et de maintenir la masse musculaire, ce qui participe à la protection des articulations, au maintien de la posture. La masse osseuse est aussi renforcée. Une bonne façon de prévenir l'ostéoporose à la ménopause.

Si vous vous apprêtiez à me répondre « je n'ai pas le temps », alors... écoutez ceci.

Quand vous aviez des enfants en bas âge, tous les matins, cela vous prenait bien 1 heure de les lever, les habiller, leur préparer un petit déjeuner, les déposer à l'école ? Aujourd'hui, ils sont autonomes et se préparent tout seuls le matin. Cette heure existe toujours, où est-elle passée ? Cherchez-la et décidez de la consacrer à votre santé et à votre bien-être.

3 • L'énigme de la restriction calorique

Le lien « moins de nourriture » et « vie plus longue en bonne santé » est avéré. **Moins on mange,** et l'idée n'est pas de s'affamer mais de manger moins souvent et en moindre quantité, **moins on produit de déchets à éliminer et donc plus on préserve l'énergie de nos cellules.** La digestion occupe entre ⅓ et ⅔ de notre énergie globale à chaque repas en fonction de l'alimentation choisie. Plus vos repas sont copieux, gras, lourds, plus la digestion est longue et coûteuse en énergie. Vous pouvez vous en rendre compte par vous-même quand après certains repas vous avez sommeil ou des difficultés à vous concentrer. On repère assez vite les aliments consommateurs d'énergie à la digestion. Moi, c'est la viande rouge. À chaque fois que j'en consomme, j'ai sommeil après le repas et mon après-midi est difficile. Ayez le réflexe de dresser votre liste d'aliments consommateurs d'énergie et consommez-les avec parcimonie pour préserver votre énergie et votre longévité.

CONNAISSEZ-VOUS *le « hara hachi bu » ?*

C'est une méthode alimentaire japonaise qui consiste à ne pas manger à plus de 80 % de sa faim, ce qui revient à supprimer le dessert. Là, c'est le doublé gagnant : non seulement vous supprimez le sucre raffiné délétère pour votre santé, votre poids et votre peau, mais en plus vous allégez votre digestion. Et c'est assez simple à prendre comme habitude. Même si vous adorez les desserts, vous savez qu'à partir de 40 ans, il est préférable de les éviter. Pour ce faire, la règle des 80/20 est astucieuse : on s'autorise 20 % d'écarts que l'on réserve aux occasions où on est certaine de goûter une pâtisserie d'exception, par exemple.

Tous les scientifiques s'accordent sur les effets bénéfiques de la restriction calorique et du jeûne intermittent, qui consiste à manger sur 8 heures et à mettre au repos son métabolisme sur 16 heures. Ils ont démontré que, dès 12 heures sans manger, l'organisme active les mécanismes destinés à réparer les cellules et protéines endommagées. L'effet optimal est obtenu à 16 heures de jeûne, car durant cette fenêtre de jeûne, l'organisme produit des niveaux optimaux de NAD, un dérivé de la vitamine B3, qui active les sirtuines, gènes de la longévité par excellence, qui régulent le vieillissement cellulaire.

Concrètement, on peut choisir entre plusieurs options :

— Dîner tôt avant 20 heures, supprimer le petit déjeuner et opter pour une formule brunch-déjeuner vers midi le lendemain.

— Supprimer le dîner. J'aime bien cette formule, que je pratique le dimanche soir (on a rarement faim à la fin du week-end).

Ce type de jeûne augmente la longévité, améliore la santé et retarde les pathologies liées à l'âge. Il diminue l'inflammation et stimule l'autophagie cellulaire. Ce faisant, il retarde le processus de vieillissement par diminution du stress oxydatif, responsable de l'oxydation des cellules et du vieillissement cellulaire.

La restriction calorique via le jeûne intermittent est un des activateurs clés de notre longévité. À pratiquer une à plusieurs fois par semaine en fonction de votre agenda et de vos activités.

4 • Cultiver l'optimisme et réduire le stress

Bouger, manger équilibré, pratiquer le jeûne intermittent sont indispensables, tout comme nourrir son relationnel et prendre soin de son mental.

Nous sommes par nature des êtres sociaux et nous ne sommes pas faits pour vivre isolés, reclus, sans contact avec l'extérieur. L'étude la plus connue de Harvard, l'« Étude sur le développement des adultes », menée depuis soixante-quinze ans et toujours en cours, montre que plus on est entouré socialement, plus on vit longtemps. Quant à l'optimisme, il aurait lui aussi le pouvoir de nous faire vivre plus longtemps en bonne santé en nous aidant à avoir une régulation positive des émotions et du stress. « Physiologiquement, l'optimisme entraîne des réactions euphorisantes et anti-inflammatoires, induisant une amélioration de l'immunité. Être optimiste serait l'une des clés pour bien vieillir », nous rappelle le Dr Olivier Courtin.

L'optimisme est une discipline qui s'apprend. Oui, on peut s'entraîner à être optimiste. Cela présuppose de reconnaître tout ce que l'on a et d'en profiter, plutôt que regarder tout ce que nous n'avons pas, développer de la frustration continue et se mettre en compétition avec autrui. Une bonne méthode consiste à encourager le sentiment de gratitude au quotidien en reconnaissant toutes les joies petites et grandes que nous rencontrons dans notre journée, semaine, mois... J'ajouterai s'éloigner des personnes et des environnements toxiques. Impossible de développer son optimisme quand on est entouré de personnes ou d'un environnement drainant, stressant, créateur d'énergies négatives.

En pratique, comment faire ?

1/ Pratiquez la gratitude : prendre le temps chaque jour de noter les choses petites et grandes pour lesquelles vous êtes reconnaissante. Pour ce faire, vous pouvez tenir un carnet de gratitude dans lequel vous notez tous les jours ce pour quoi vous éprouvez de la reconnaissance : un bon moment avec une personne, la lumière du matin ou de la fin de soirée, un compliment, une réflexion, une conversation, un cadeau...

2/ Développez un état d'esprit de croissance : soyez convaincue que vos compétences et vos talents peuvent être améliorés avec l'effort et la pratique plutôt que penser que vous êtes enfermée dans vos limites actuelles sans échappatoire.

3/ Célébrez vos succès, vos réalisations même si elles semblent petites. Cela vous aidera à vous sentir plus confiante et plus optimiste.

4/ Visualisez votre succès : imaginez-vous réussissant dans vos objectifs et vos rêves. C'est un exercice important, car notre cerveau ne fait pas la différence entre des images réelles et imaginées. Je sais que l'exercice peut surprendre au début. Mais quand on se fait des scénarios négatifs avec la cascade d'échecs et de peurs que nous anticipons, on se retrouve dans un état de stress et de pessimisme. Si on fait l'exercice dans l'autre sens en visualisant son succès, on crée un faisceau d'énergies positives et d'optimisme.

5/ Soyez généreuse : aider les autres peut vous permettre de vous sentir plus connectée et plus satisfaite, ce qui peut contribuer à une attitude plus optimiste.

6/ Faites face à vos pensées négatives, ne les enterrez pas sous le tapis. Exercez-vous à les remplacer par des pensées d'action positive et réaliste. Par exemple, quand vous pensez « je ne vais jamais y arriver », remplacez-le par « je vais travailler dur, apprendre de mes erreurs et ça va aller ».

7/ Développez votre sens de l'humour. L'humour apporte de la légèreté, qui autorise le pas de côté dont nous avons besoin parfois dans les moments délicats à gérer.

Les représentations de l'âge sont de plus en plus volatiles, changeantes, mouvantes. Elles évoluent sans cesse grâce à la recherche scientifique qui en redéfinit les contours et qui fait progresser nos connaissances sur le vieillissement.

Ce sont les représentations associées qui ont la vie dure, créant des biais et des discriminations profondément injustes envers les femmes. Couplé au sexisme, l'âgisme exclut, sectarise et fait de l'âge un frein à la carrière des femmes, à l'expression continue de leur potentiel, à leur progression et à leur employabilité.

Je suis convaincue que l'âge est une chance et qu'il nous permet en fait de nous placer dans une perspective dynamique par rapport à nous-mêmes.

Et si on percevait chacun de nos anniversaires comme une promotion ? Et si on décidait de se voir comme une personne qu'on essaye d'améliorer ? Faites l'exercice, vous allez voir, ça change complètement la donne et surtout, ça permet de choisir la place que l'on s'attribue, que l'on se reconnaît et celle à laquelle on souhaite accéder.

“

Prendre du

CHAMP,

s’éloigner

des représentations

NÉGATIVES

de l’âge.

”

CHAPITRE 1

VIEILLIR EST UNE CHANCE

Il y a une notion que j'ai du mal à comprendre, qui est celle de vouloir rester quelque chose, jeune par exemple. DEVENIR, comme le souligne Marie de Hennezel, psychanalyste, me semble beaucoup plus intéressant. DEVENIR permet de poser un regard dynamique sur l'âge et non régressif. Il crée de la perspective et autorise la continuation de la construction de soi. DEVENIR autorise la projection de son potentiel. Il permet d'imaginer et d'aimer voir devant, clé de l'âge heureux et fructueux.

Aimer son âge

Prendre de l'âge est un travail à mener joyeusement, une aventure à accueillir à bras et cœur ouverts, car c'est une chance, une opportunité d'apprendre sur soi, de continuer à construire, de transmettre.

L'âge heureux est possible à partir du moment où on comprend qu'il faut prendre son « vieillir » à bras-le-corps. **Nous avons le choix de la façon dont nous voulons vivre notre âge.** Par notre hygiène de vie, par nos comportements quotidiens, nous avons la main sur notre âge biologique.

Le cocktail sédentarité, nourriture industrielle ultratransformée, sucres et alcool a des effets délétères sur votre santé et *a fortiori* sur votre longévité. En revanche, une alimentation saine à base d'aliments à index glycémique bas, une activité physique régulière, une gestion du stress et de votre santé mentale vous aideront à conserver un âge biologique bien en deçà de votre âge civil et surtout vous permettront de profiter de toutes vos années sans vous sentir limitée ou contrainte.

→ COMMENT FAIRE POUR AIMER SON ÂGE ?

La première étape est de préparer son corps et son mental. Comprendre comment notre corps fonctionne. Quels sont ses besoins ? Quelle est son horloge biologique ? Qu'est-ce qui accélère son usure et qu'est-ce qui, au contraire, le maintient alerte et en bon état de fonctionnement ?

Votre corps ne peut pas être une boîte noire dont vous déléguez l'entretien au corps médical. Vous avez besoin de vous inscrire dans une démarche de connaissance du fonctionnement de votre organisme, de votre métabolisme. Ce faisant, vous serez à même de développer une relation de complicité et de réconciliation avec votre corps. On anticipe ce que l'on comprend. L'inconnu est généralement source de stress et de peurs. Comment se préparer efficacement à la ménopause si on en ignore les mécanismes ?

Je sais combien nous pouvons être cruelles et tyranniques avec notre corps, qui ne nous satisfait jamais vraiment. Pour habiter l'âge de façon positive, la réconciliation avec son corps est un passage obligé. C'est un travail, j'en ai conscience, sur soi et sur l'image idéale que nous nous sommes construite adolescentes ou jeunes femmes. À un moment, il est temps de poser tout sur la table, de nous observer avec bienveillance et attention comme nous le ferions avec notre meilleure amie, et de décider de conserver tout ce que nous trouvons formidable. Le reste, soit on transforme ce qui peut l'être, soit on fait la paix avec soi-même pour avancer plus sereinement. Se fixer des objectifs irréalistes ne peut que vous enfermer dans une vision de l'âge négative, destructrice. Alors qu'en fait les objectifs ont été mal posés.

“À partir du moment où l’âge sera neutre, il ne sera plus un biais.”

Quelques exemples :

— À 50 ans, il semble difficile de vouloir peser un poids inférieur à celui que vous aviez à 35-40 ans.

— Si vous arrêtez le sport à 30 ans, vous pourrez difficilement courir un marathon sans un entraînement quotidien exigeant.

— Si vous fumez et êtes accro au soleil, il va être difficile de conserver un teint frais et lisse, d'échapper aux taches et au plissé soleil sur votre décolleté.

— Si vous avez des cheveux fins et fragiles (mon cas), difficile d'avoir une crinière de lionne façon Beyoncé.

> ***« L'âge, en fait, agit comme un révélateur et débusque nos excuses et nos dénis. »***

Quand on observe bien notre âge et qu'on fait l'effort de comprendre le fonctionnement de notre corps, il est assez facile de changer nos comportements et d'adopter une hygiène de vie « booster » de vitalité.

Je vous donne un petit exemple. Savez-vous ce qu'est votre métabolisme de base (MDB) ? C'est l'indicateur de l'énergie dont vous avez besoin. Autrement dit, le nombre de calories que vous brûlez au repos juste pour maintenir le fonctionnement de votre métabolisme. Il détermine le nombre de calories journalières dont vous avez besoin pour assurer le fonctionnement de votre métabolisme. Il se trouve que notre MDB ralentit avec l'âge. Nous brûlons moins de calories. Résultat, si nous ne changeons rien à notre alimentation, nous allons engranger trop de calories par rapport à nos dépenses énergétiques. **C'est le mécanisme central de la prise de poids à partir de 45-50 ans.** À tort, on accuse la ménopause, mais la première cause de la prise de poids est le ralentissement naturel du métabolisme de base dû à l'âge. La ménopause va accentuer le phénomène et surtout accélérer la concentration de la masse grasse sur l'abdomen.

La bonne nouvelle, c'est que le sport permet de dynamiser le MDB, de booster notre consommation énergétique et de renverser le processus. C'est la raison pour laquelle tous les médecins s'accordent sur la nécessité absolue de faire du sport, de pratiquer de l'activité physique de façon régulière et soutenue pour être en bonne santé et éviter le surpoids, surtout au moment de la ménopause. Bouger est le meilleur médicament pour une longévité en bonne santé.

→ DEVENEZ LA MEILLEURE COMPLICE DE VOTRE CORPS

Plus vous serez dans une relation de complicité et de compréhension avec votre corps, plus vous pourrez habiter sereinement et pleinement votre âge. Plus vous pourrez penser votre âge comme une aventure, transformatrice, certes, mais épanouissante.

Marie de Hennezel nous rappelle que nous avons une « révolution narcissique » à faire. Oui, notre corps change, pas forcément en moins bien, d'ailleurs, si on a su l'entretenir assez tôt et le préparer à l'âge. Mais il change. Vivre dans son image passée, c'est signer pour la nostalgie, la colère de ce qui n'est plus, la frustration et le doute.

Il nous appartient d'anticiper les étapes, de prendre en main notre âge. Les outils de prévention sont nombreux et facilement accessibles, que ce soit en ligne ou en réel. La prévention est une attitude a adopter le plus tôt possible, sachant qu'il n'est jamais trop tard pour prendre soin de soi.

Je suis frappée de voir combien le corps, pour un grand nombre de personnes, est mystérieux et surtout pas tellement investi. Son entretien est délégué au corps médical. Et je suis convaincue que c'est une erreur, car nous sommes responsables de notre santé. Nous devons la co-entretenir avec les acteurs spécialistes du sujet. Avec eux, en y mettant du nôtre aussi, en partenariat et non dans une relation de subordination. Ce qui veut dire se positionner le plus tôt possible dans une logique de prévention active et éclairée, faire la démarche de comprendre comment fonctionne notre corps, ce dont il a besoin, ce qui l'abîme et *a contrario* ce qui le préserve, le régénère. Comprendre comment l'aider, comment être un bon compagnon de route de notre enveloppe corporelle. C'est un bon investissement, je vous l'assure.

L'âge est une construction sociale collective dont nous sommes toutes et tous responsables. C'est une coconstruction. Il nous incombe donc de changer ce qui nous déplaît dans les représentations associées à l'âge et les biais qu'elles créent ensuite dans la gestion de nos carrières, le recrutement, l'expression de notre potentiel, notre durabilité professionnelle.

→ L'IMPORTANCE DES « RÔLES MODÈLES »...

Nous avons besoin de représentations, car ce qui n'est pas représenté n'existe pas. Nous avons besoin de femmes de 45 ans et plus en activité, heureuses de leur carrière professionnelle, épanouies dans leur job et dans leur vie. Nous avons besoin de femmes de 50 ans et plus qui ne soient pas reléguées au rôle de grands-mères si elles n'en ont pas envie, et qui exercent l'activité qu'elles ont choisi et non un métier par défaut pour continuer à travailler.

Nous avons besoin de voir des femmes de la vraie vie et pas seulement des actrices hollywoodiennes fort sympathiques, mais loin de nous et de nos vies.

Toutes, nous pouvons être ces « rôles modèles », dans nos entreprises, nos familles, nos réseaux professionnels. Incarnons chacune à notre manière l'âge moderne et décomplexé de façon à le dédramatiser, à le rendre inoffensif, neutre.

Quand on vous fait la remarque que « vous ne faites pas votre âge », demandez à votre interlocuteur quelle représentation il a de votre âge, justement. C'est un exercice intéressant, car à chaque fois, au-delà de la confusion que vous créez sur la représentation de l'âge, vous amenez la personne à se rendre compte de la dimension archétypale de sa représentation de l'âge.

“

Il est **temps**

de **changer** le

REGARD

que nous **portons**

collectivement sur

L’ÂGE.

”

Oui, les âges rajeunissent. Ou plutôt, nous incarnons l'âge différemment au fur et à mesure des progrès scientifiques, stylistiques et comportementaux des époques dans lesquelles nous vivons. Cette représentation de l'âge est capitale, car c'est elle qui enferme dans un imaginaire de la peur, de la perte, de la dégradation.

Prenons le registre du style, qui n'est ni anodin ni superficiel, car il parle de nous et de notre personnalité. Aujourd'hui, il n'y a plus de vêtements de « vieille » au sens où on pouvait l'entendre il y a trente ou quarante ans. Ma grand-mère portait des vêtements de personne âgée. Le choix que nous avons de nos jours nous préserve de cet écueil. Nous pouvons choisir les tenues et les coiffures avec lesquelles nous nous sentons bien, qui reflètent notre personnalité.

Je remarque que je m'habille de la même façon à 60 ans qu'à 40. Mon style évolue à la marge sur le choix de certaines couleurs par exemple, mais les fondamentaux restent. J'aime le cuir, les pantalons, les boots et les perfectos, et je ne suis toujours pas attirée par les robes, les cols Claudine ou les jupes midi !

→ … ET DE L'INTERGÉNÉRATIONNEL

L'échange, le partage, le dialogue, la collaboration, la coopération entre les générations sont une formidable source de valeur ajoutée pour nous tous. Partager son expérience, nourrir la curiosité, apprendre, transmettre, s'épauler, s'aider mutuellement, est plus riche, plus fécond. Plutôt que d'opposer les générations les unes aux autres, réunissons-les, aidons à l'appréciation commune, même si parfois le chemin semble difficile du fait des biais existant autour de l'âge. Oui, nous pouvons apprendre plein de choses des générations plus jeunes que nous et, à l'inverse, nous avons beaucoup d'expériences à transmettre, à partager.

Cela participe à la construction d'une société plus inclusive, moins cloisonnée et organisée en chapelles, tribus, sectes impénétrables. **L'intergénérationnel, c'est le meilleur pied de nez à adresser à l'âgisme, qui fait de l'âge un discriminant créateur de biais et d'exclusion.** Vous remarquerez qu'avec l'âgisme, on est ou trop vieux pour tel poste ou trop jeune. En fait, **le mode d'action de l'âgisme est de ne jamais suffire.** Les entreprises gagneront en performance et en durabilité grâce aux partages d'expériences entre les générations, à leur collaboration et à leur coopération.

Conserver la confiance en soi et en son potentiel

C'est une des clés essentielles de l'âge heureux et décomplexé.

La confiance en soi n'est pas innée, c'est une conquête. On ne naît pas confiant, on le devient. C'est une conquête patiente, pas toujours simple ni facile. Souvent difficile, car elle nous confronte à nos insécurités, nos fragilités, nos doutes, nos questionnements.

La confiance en soi prend son essence dans nos actions, dans ce que nous faisons, dans notre engagement quotidien.

> *« À la différence de l'estime de soi, qui renvoie au jugement que nous portons sur notre valeur, la confiance en soi engage notre rapport à l'action, notre capacité à "y aller" malgré les doutes, à nous risquer dans un monde complexe. »*
>
> Charles Pépin

Gagner en confiance en soi demande de s'ouvrir en profondeur à l'acceptation de l'incertitude, clé dans le processus de décision.

Sur quoi pouvons-nous construire la confiance en soi ? Quel peut être notre point d'appui ?

→ LA COMPÉTENCE, LE SOCLE DE LA CONFIANCE EN SOI

Apprendre, pratiquer, s'entraîner comme un athlète de haut niveau. Et ne laisser rien ni personne nous définir, nous ou notre potentiel.

C'est ça, être une femme puissante qui a confiance en elle et en son potentiel. Être libre de choisir le destin que l'on souhaite se donner à soi-même, versus celui que l'on tente de nous imposer. Refuser les conditionnements, les biais existentiels qui tendraient à nous attribuer des places prédéfinies qui ne nous conviennent pas.

La compétence s'apprend. Elle s'acquiert au fil de nos expériences et de nos apprentissages. Elle demande de la détermination. Plus on s'entraîne, plus on affirme son désir, sa capacité à surmonter les résistances, les obstacles.

« J'ai raté 9 000 tirs dans ma carrière. J'ai perdu presque 300 matchs. 26 fois, on m'a fait confiance pour prendre le titre de la victoire et j'ai raté. J'ai échoué encore et encore et encore dans ma vie. Et c'est pourquoi je réussis. »

Michael Jordan

→ OSER DONNER DE LA VOIX !

Les femmes doivent faire tomber de nombreuses barrières sur leur route vers le succès.

— On nous rappelle volontiers que nous ne sommes pas des hommes, comme si c'était un défaut.

— On a tendance à nous juger par rapport à notre sexe. Refusons-le et exigeons d'être jugées par rapport à nos accomplissements.

Notre expérience est le point d'appui de la construction de notre confiance en nous. Il faut l'entretenir, la nourrir, la faire grandir tout au long de notre vie. Ne jamais hésiter à se former, à essayer de nouvelles disciplines. L'apprentissage et la curiosité sont des alliés de poids dans le processus de construction de la confiance en soi. Et célébrer nos accomplissements, les faire connaître et reconnaître sans hésitation. Non, ce n'est pas une attitude narcissique de valoriser son travail, ses efforts, ses résultats.

De grâce, évitez cette phrase terrible, « j'ai eu de la chance ». Non, vous n'avez pas eu de la chance. Vous avez provoqué votre chance par votre travail, par les heures passées sur un dossier, par votre ténacité, votre endurance, votre volonté et votre courage. « Plus je m'entraîne, plus j'ai de la chance », rappelait Gary Player, un des meilleurs joueurs de golf de tous les temps.

Oser donner de la voix, c'est revendiquer ses accomplissements et savoir sortir du cadre, surtout quand il n'est pas fait pour nous. Ne vous laissez pas grignoter par les stéréotypes associés aux femmes de 50 ans qui ont vite fait de nous poser comme périmées. Nous ne le sommes pas. Soyons volontaires et assurées dans notre façon d'habiter notre âge, refusons les mises à l'écart injustifiées, car nos rides n'ont aucune incidence sur nos compétences, notre expérience.

→ DE LA COMPÉTENCE À LA CONFIANCE

La compétence est une boîte à outils qui nous permet de réagir aux différentes situations qui se présentent à nous et qui nous demandent une réponse, une action.

Se faire confiance, c'est se savoir capable d'accueillir l'aléa, c'est être en mesure d'apprivoiser ce qui nous effraie. C'est accepter l'incertitude, l'imprévisible. C'est consentir à la possibilité de l'erreur. C'est apprendre à aimer sa liberté et non la craindre.

Alors, comment favoriser la mutation de la compétence en confiance ?

1. Prenez plaisir au développement de la compétence en question. Aimer ce que l'on fait est indispensable, car pour devenir compétentes nous allons devoir y passer de nombreuses heures, jours, semaines, mois, années. Ça ne peut pas marcher si on n'y prend pas de plaisir.

2. Évitez de vous enfermer dans cette compétence, de vous réduire à votre expertise. Notre compétence nous apprend sur nous-mêmes, sur ce que nous pouvons dépasser, franchir. C'est un point d'appui, une rampe de lancement pour aller à la découverte de l'inconnu, pour sortir de notre zone de confort. On peut faire un pas de côté quand on maîtrise son sujet. Il faut être un musicien très compétent et avoir pratiqué pendant des heures pour se lancer dans l'interprétation libre, quelle qu'elle soit. Autorisez-vous les pas de côté, les changements d'angle.

3. Laissez de la place à l'imprévu, à la nouveauté. Ne cherchez surtout pas à tout contrôler. La compétence permet de s'adapter à l'imprévu, de le digérer pour en faire quelque chose.

4 ⊙ Évitez de réduire votre compétence à une expertise qui vous protège de l'inconnu. La peur n'est jamais un bon moteur. Elle enferme et étouffe la créativité, les initiatives. Elle décourage. Aller vers l'expertise par peur de l'inconnu ne nous permet pas de construire de la confiance. Nous serons expertes, mais nous n'aurons pas confiance en nous.

→ OSER DÉCIDER

Souvent nous confondons décider et agir, qui sont pourtant deux actions différentes.

Décider, c'est trouver la force de s'engager dans l'incertitude, de lui faire face.

- — Réussir à y aller malgré le doute.
- — Être prête à assumer des conséquences imprévisibles.
- — Consentir au risque.
- — Agir avant de savoir.
- — Accepter l'incertitude de la décision.

Choisir, c'est savoir avant d'agir.

- — Se reposer sur des critères rationnels et logiques pour assurer le bras de son action.
- — Examiner minutieusement une situation pour en réduire les zones d'incertitudes et de risques.
- — Chercher à diminuer l'incertitude.

La confiance en soi se joue dans notre rapport à l'action...

L'action autorise :

— les expériences concrètes ;

— l'acquisition et la mise en pratique de compétences précises ;

— la création de nouvelles opportunités ;

— des succès réels qu'il est important de célébrer, car ils sont des marqueurs concrets des étapes franchies sur le chemin de la confiance en soi.

Bien souvent, nous ne nous autorisons pas à fêter nos accomplissements petits et grands, nos succès, et c'est une erreur. Nous craignons le regard extérieur et le jugement du type « elle est prétentieuse », « elle se la ramène ». Prenez l'habitude de ne pas donner aux autres de pouvoir sur vous. Assumez et revendiquez vos succès. Ils ne sont dus ni au hasard ni à la chance, mais à votre travail, votre engagement, votre courage, votre volonté. Prenez exemple sur vos collègues masculins qui sont les premiers à parader dans les couloirs ou à la machine à café à la moindre occasion de se rendre visible. Plus vous célébrerez vos victoires, plus vous gagnerez en confiance. C'est quasiment mathématique !

Agir va au-delà du simple entraînement de la volonté.

Agir, c'est :

— se donner une chance d'avoir de bonnes surprises. Oui, l'imprévu est à tort souvent associé à du négatif, alors qu'il est aussi créateur d'opportunités positives, d'ouvertures ;

— s'ouvrir au devenir, versus s'immobiliser dans le rester ;

— exister, se jeter à l'eau, aller à la rencontre des autres et des obstacles pour grandir.

… et dans notre capacité à cesser de nous comparer

Se comparer, c'est accepter que notre valeur se mesure non par rapport à nous-mêmes, mais par rapport aux autres, comme si la satisfaction se trouvait davantage dans le dépassement des autres que dans son propre perfectionnement. Se comparer nous détourne de notre vérité, qui est que nous sommes tous singuliers. À ce titre, notre valeur est absolue et non relative à celle des autres.

La comparaison est un poison, car elle nous place en permanence dans un état de vigilance orange et d'insatisfaction qui nous pousse au toujours plus, à la recherche de performances immédiates. Elle nous détourne de notre chemin de vie et peut nous conduire sur des routes qui ne sont pas les nôtres.

Cette comparaison et cette recherche de performance peuvent vous conduire par exemple à demander un poste de manager sans que vous ayez, en fait, bien mesuré tous les aspects et contraintes de cette position. Résultat, vous pouvez vous sentir décalée, pas vraiment à votre place. Ensuite, il est délicat de faire marche arrière. Cela demande une grande lucidité et du courage pour dire « je me suis trompée, ce poste n'était pas fait pour moi ». Souvent on s'embourbe, on s'enjoint de ne pas se plaindre, de serrer les dents et de continuer, pensant que peut-être les choses s'arrangeront.

Je suis passée par ces étapes et je sais combien il est difficile de se retrouver à un poste ou dans un job dans lequel on ne se sent pas à l'aise quand on comprend qu'il n'est pas fait pour nous finalement. La porte de sortie est compliquée. Et très souvent, on essaye de tenir et on prend le risque d'abîmer sa confiance en soi.

J'ai tiré de cette expérience deux enseignements que je vous partage :

— Nous avons le droit de changer d'avis, le droit de nous tromper. Et ce n'est pas grave. Bien souvent, c'est notre orgueil qui est blessé. Ne le laissez pas prendre le contrôle de votre vie, ne lui donnez pas trop d'importance, car l'orgueil est avant tout une blessure de l'ego. Il fait souvent prendre de mauvaises décisions. Cherchez plutôt à vous sentir alignée avec votre désir profond.

— Écoutez-vous en premier et ne laissez pas les autres décider à votre place de la direction à donner à votre vie professionnelle. Quelles que soient leurs bonnes intentions, les autres projettent sur vous leurs désirs, manques ou frustrations.

La clé pour se sentir bien dans son job et dans sa vie, se sentir centrée, est de faire les choses pour soi, de choisir et d'arbitrer en fonction de son désir, de ses choix de vie, sans se laisser influencer par des pollutions ou injonctions extérieures. Personne d'autre que nous ne peut savoir quel chemin emprunter et à quel moment.

Vous comparer vous pousse à externaliser votre sécurité intérieure. Et ça, c'est dangereux, créateur de fragilité et déstabilisant.

Avoir confiance en soi, ce n'est pas être sûre de soi. C'est trouver le courage d'affronter l'incertain au lieu de le fuir. C'est trouver dans le doute la force de s'élancer. **C'est savoir se glisser dans tous les interstices.**

PERLA SERVAN-SCHREIBER. ÊTRE EN ÉVOLUTION PERMANENTE.

L'âge n'a jamais été un frein pour Perla, ni un critère. Ce serait même plutôt une vertu, selon elle, pour comprendre son époque et sentir les courants émergents. Elle a 55 ans et son mari, Jean-Louis, 61 ans, quand ils décident de lancer *Psychologies Magazine* sans se poser la moindre question par rapport à leur âge. « Il n'y avait pas d'horizon autre que celui de travailler, animer des équipes, trouver de nouvelles idées », me dit-elle.

Et l'aventure n'a pas été simple pour Perla, en charge de la partie publicitaire, c'est-à-dire le poumon de respiration du magazine. Sans pub, pas de magazine. Elle a « dû ramer pendant deux ans pour expliquer qu'un magazine nommé *Psychologies* n'était pas un magazine pour les fous ». Eh oui, être précurseur expose souvent les entrepreneurs-défricheurs à des décalages culturels puissants qu'il leur faut affronter, dépasser pour rendre « le mieux vivre sa vie » défendu par le magazine accessible au plus grand nombre dans une époque archi-dominée par la carrière et la réussite professionnelle.

Dans cette aventure, l'âge n'a jamais été un sujet. « On s'était préparés mentalement à ce que cela ne fonctionne pas. On jouait, on pouvait gagner ou perdre. On ne s'attendait pas à un tel succès, mais on avait confiance dans nos compétences construites par nos années de travail dans la presse. C'était notre métier. On n'a pas choisi d'en faire un autre. »

Pour Perla, les clés du bien-vivre dans son travail et dans sa vie résident dans ce mix de confiance en ses compétences, de capacité à prendre des risques, à oser et d'intuition des évolutions inéluctables de son métier qu'il convient d'anticiper pour être en phase avec la marche du monde en format XXL.

Sans oublier bien sûr la passion que l'on a pour ce que l'on fait. « J'ai fait un métier pendant cinquante ans dont j'ignorais même qu'il existait. Je l'ai inventé à ma main, j'ai beaucoup travaillé avec une équipe rédactionnelle de talent et je me suis beaucoup amusée. J'y suis restée cinquante ans uniquement parce que je m'amusais. »

Pourtant, au départ, Perla n'a pas grandi dans une culture familiale de l'audace ou des risques. « J'ai été élevée avec la peur de tout. Ma chance est d'avoir eu très tôt l'intuition que je devais partir pour échapper au modèle de soumission des femmes en vigueur à l'époque. » Elle a suivi ce qu'elle appelle « le chemin de l'indépendance » et sa grande force est d'être déterminée et de savoir saisir les opportunités qui se présentent à elle. Courageuse, elle a toujours défendu son indépendance et sa liberté. Grâce à la table et à la cuisine, elle a tissé autour d'elle un réseau incroyable, car elle place au-dessus de tout les rencontres et les liens. J'adore quand elle me dit que sa plus grande fierté est que plus de la moitié de ses amies ont la moitié de son âge.

S'il y a bien une personne qui défend l'intergénérationnel depuis toujours, c'est Perla. Elle milite ardemment pour faire tomber la barrière de l'âge qui aujourd'hui est immense, « une digue » qui empêche le mélange des âges. L'âge pour elle devrait être vu comme un passage, une écluse qui permet une rencontre et un échange entre la jeunesse et les personnes plus âgées. Aujourd'hui, on ostracise à la fois les jeunes et les vieux. Résultat, on a deux populations en souffrance qui, rapprochées, se stimuleraient, s'entraideraient, se feraient du bien.

Quant au terme senior, qu'elle déteste, elle le voit comme une discrimination qui vise à réduire les personnes à leur âge, oubliant que nous avons d'autres caractéristiques bien plus intéressantes que notre âge.

Elle insiste sur la nécessité de travailler sur l'image de soi, de ne pas la laisser au hasard. La façon dont nous nous présentons est un point de vue en soi. Chacune doit trouver son alphabet et le cultiver, le modifier selon ses envies pour être repérée, repérable, rester visible et à son mieux pour affronter chaque journée.

Bien vivre dans sa vie et dans son travail, c'est connaître ses forces, ses vertus et ses limites pour avancer, bâtir son chemin de vie. Garder en tête que l'humour « désarme tout » et aide à casser les tabous.

→ **Vous pouvez suivre Perla sur son compte Instagram @perla_servan_schreiber et sur sa newsletter www.goodmorningperla.net.**

CHAPITRE 2

VIEILLIR AU TRAVAIL

Comment éviter la discrimination professionnelle de l'âge ? Les répercussions de l'âgisme sur le marché du travail sont catastrophiques et se traduisent par une mise au placard et le licenciement des personnes de 50+. Comme les acteurs du marché de l'emploi adorent les cases, ils nous rangent dans celle des seniors, qui peut commencer à partir de 45 ans. Un non-sens quand on sait combien la compétence et l'expertise se nourrissent de la pratique et des apprentissages au long cours. Et pour les femmes s'ajoute à l'âgisme le sexisme, qui vient renforcer l'exclusion, la mise à l'écart. Les hommes vieillissent comme nous, mais eux en ont le droit, là où nous sommes soumises à des injonctions quant à notre physique. Avez-vous remarqué qu'on ne parle jamais du corps des hommes, de leur physique, alors que pour nous, c'est en permanence que nous sommes renvoyées à notre corps, nos cycles... ?

Ces pratiques de discrimination par l'âge et le genre créent un stress global dans notre rapport au marché du travail.

Il est temps de briser ce plafond de verre là, d'adresser le sujet, de le faire sortir au moment où l'espérance de vie s'allonge et où nous devons travailler plus longtemps. Comment le faire si à partir de 45 ans le vent de l'exclusion commence à souffler ?

N'ayons pas honte de notre âge. Osons revendiquer notre place à tous les âges. **Osons revendiquer le droit à une carrière sans limite d'âge.** Il doit appartenir à chacune d'entre nous le droit de décider de mener sa carrière professionnelle selon son propre chemin de vie et non en fonction de cases préconstruites.

Et si on engageait la conversation autour de l'âge au travail ?

La discrimination par l'âge et le sexe est réelle.

— Le taux d'emploi des femmes de 55 à 64 ans est de 55 %, versus 58 % pour les hommes.

— L'écart de salaire femmes-hommes s'accroît avec l'âge. Chez les plus de 55 ans, l'écart de salaire hommes-femmes est d'environ 30 % selon le rapport « Les femmes seniors dans l'emploi » du Conseil supérieur de l'égalité professionnelle.

— Les femmes de 50+ en emploi sont davantage à temps partiel (31,5 % d'entre elles, contre 10,7 % des hommes) et en situation de sous-emploi (6,4 % contre 2,6 %).

Plutôt que de nier cet état de fait, ou de le mettre sous le tapis, affrontons-le en ouvrant le débat autour de l'âge et du bien-vieillir dans l'entreprise. Car vieillir au travail doit être possible. On ne peut plus arrêter les progressions de carrière à 45 ans. C'est une aberration au moment où la longévité s'accroît et où l'âge de départ à la retraite recule.

“L’ÂGE n’est pas une faute. C’est LA VIE qui s’exprime.”

C'est un sujet que nous devons porter chacune dans nos entreprises et dans l'espace public. Le mettre en lumière permet de le dédramatiser et surtout de le sortir du registre de la honte, du caché, de l'indicible. D'en faire une action collective, un débat de société et non plus un problème individuel. À un moment, nous nous retrouvons toutes confrontées à ce problème.

Moi, ce fut à 52 ans, d'une façon brutale, à laquelle je n'étais pas préparée, car, en fait, au fond de moi, je pensais pouvoir y échapper, passer entre les gouttes de l'âgisme et du sexisme. Non, « ça n'arrive pas qu'aux autres ».

Plus on se cache derrière notre peur en espérant éviter le couperet du chômage ou du placard, plus on entretient le système d'exclusion des fameux seniors, dont la définition est super floue et évolue en fonction des secteurs. Nous serons toutes un jour confrontées à cette problématique. En anticipant comment on souhaite évoluer et faire évoluer sa carrière, on place l'âge non pas comme un biais, mais comme une richesse, celle de l'expérience, de la compétence, de la transmission.

Il est essentiel de mettre ce sujet sur la table en en faisant une thématique sociale à laquelle le management et la direction générale sont associés. On peut en faire un sujet de RSE, car complètement lié à la diversité. L'objectif est de créer un environnement de travail inclusif et respectueux de la diversité en âge et en genre.

Adresser la problématique de l'âge en entreprise, c'est militer pour la **mixité intergénérationnelle.** C'est penser que la mixité des générations est une source de richesses. Les générations apprennent beaucoup entre elles et ça marche dans les deux sens. Mixer la fougue de la jeunesse à la sagesse de la maturité augmente la performance des entreprises. Car plus le management et le pouvoir rajeunissent dans les entreprises, plus la sagesse des aînées est une valeur ajoutée pour l'entreprise. Que cela soit en termes de transmission de la culture d'entreprise et de ses valeurs, de l'aptitude des plus âgées à prendre de la hauteur et à développer une vision 360° pour gérer les problèmes complexes transversaux.

Au terme peu valorisant et très fourre-tout de seniors, préférons et construisons-nous en « modern elders ».

— Un mix de sagesse, d'expériences, de curiosité, d'état d'esprit de startuper et de volonté d'évolution.
— Une appétence et un talent à créer de la cohésion et à favoriser l'efficacité du travail d'équipe.
— Une aptitude à la synthèse.

En pratique… Je fais comment ?

Développer et entretenir son employabilité

Qu'est-ce que l'employabilité ? C'est tout simplement notre capacité à rester désirable sur le marché du travail, à constituer un « bon profil », comme disent les recruteurs, à être « bankable ». C'est un mélange de compétences, d'expertises et de perception. Quelle image est-ce que je donne de moi ? Comment suis-je perçue par les acteurs du marché sur lequel j'opère ? Suis-je repérée ? Comment est ce que je définis ma place, mon périmètre, mon champ d'action et de rayonnement ? Comment j'agis sur les critères de cette employabilité pour les faire jouer en ma faveur ? Comment je mets toutes les chances de mon côté pour être actrice de ma carrière professionnelle ? pour m'assurer de rester aux commandes de mon chemin de vie ? pour refuser de subir les biais existentiels qui trop souvent nous brident dans notre navigation, dans nos trajectoires de vie ?

Développer et préserver son employabilité, ça veut dire :

— Se former régulièrement pour être en phase avec le monde économique dans lequel nous opérons ou voulons nous développer.

— Changer de poste quand on évolue dans une structure qui le permet et montrer ainsi son appétence pour le risque, le challenge.

— Sortir de sa zone de confort pour acquérir des compétences supplémentaires.

— Travailler son adaptabilité et acquérir pour ce faire une aisance avec les nouvelles technologies, quelles qu'elles soient.

— Être au courant des nouveaux outils, des nouvelles pratiques...

— Penser à faire des mises à jour régulières, à rester en alerte sur les modifications et transformations de nos métiers.

— Savoir que rien n'est jamais acquis dans des univers en fluctuations et transformations permanentes.

Entretenir et développer ses réseaux professionnels tout au long de sa vie professionnelle :

— Identifiez les communautés relationnelles auxquelles vous appartenez ou avez besoin d'appartenir en fonction de vos objectifs.

— Repérez les réseaux professionnels utiles à votre progression : anciens élèves de votre école, anciens collègues, cercles thématiques, réseaux de femmes...

Développez votre visibilité et votre influence tant interne qu'externe en participant à des conférences professionnelles, des tables rondes, des cercles d'experts, en répondant à des interviews... Tout ce qui va vous permettre de vous faire repérer professionnellement par les décideurs actifs sur votre marché.

Suscitez l'intérêt par votre expertise, votre singularité, vos convictions, sans chercher à plaire à tout le monde, à être aimée, ce n'est pas le sujet.

Là, nous touchons à un point capital de l'employabilité : **être visible, repérable, reconnue et donc se mettre en avant, aller dans la lumière, accepter cette prise de risque, affirmer ses convictions.** C'est un point essentiel

“Impossible de durer sans FAIRE SAVOIR. C'est un POINT CENTRAL de l'employabilité.”

que nous, les femmes, faisons trop peu. Nous sommes championnes du monde pour travailler sans relâche dans nos bureaux, mais pas très douées pour communiquer sur nos réussites, pour valoriser notre travail, pour faire savoir ce que nous faisons.

Saisir les opportunités

Un poste se libère dans votre entreprise, une activité se crée... Soyez à l'affût de toutes les opportunités de mobilité. Montrez votre envie de bouger, de progresser. Positionnez-vous sur le poste sans vous demander si vous avez 100 % des qualités et/ou des compétences. C'est une attitude typiquement féminine qui nous dessert, ce syndrome de l'imposteur ou de la première de la classe qui nous retient de sauter le pas. Les hommes ne se posent pas de question dans ce type de situation. Ils prennent le poste et demandent une augmentation.

Faites preuve de détermination dans la conduite de votre progression professionnelle, personne ne le fera aussi bien que vous. Étudiez votre marché, votre positionnement, fixez-vous des objectifs de progression, d'évolution, planifiez les grands changements, ne vous laissez pas porter par le courant.

S'il vous manque des compétences pour atteindre vos objectifs, formez-vous. C'est indispensable pour maintenir votre employabilité. Il existe de multiples outils de formation, notamment *online*, qui sont faciles d'accès. La formation continue est un droit et un devoir. Nous en sommes responsables.

Pour rester « bankable », désirable, il est primordial de prendre la vague du changement sur les sujets qui comptent : l'intelligence artificielle, l'environnement et les sujets RSE, la communication digitale...

Maîtriser la prise de parole en public

Parler en public s'apprend. C'est une compétence indispensable à acquérir pour développer sur le long terme sa visibilité et son employabilité. Et c'est possible même si on est timide, même si on est mal à l'aise à l'idée de se retrouver dans la lumière.

C'est un investissement sur soi qui paye en retour, ouvre des portes, facilite la visibilité et le repérage professionnel.

Prendre la parole devant un panel d'experts, accepter une interview radio ou TV, participer à des conférences, des tables rondes… sont autant d'opportunités de se faire remarquer, de marquer son territoire d'expertise professionnelle.

Je vous donne 5 clés pour développer une prise de parole impactante et inspirante.

→ CLÉ N° 1 : SOYEZ CONVAINCUE DE CE QUE VOUS RACONTEZ/ EXPOSEZ

Quel que soit le sujet, trouvez un angle avec lequel vous vous sentez à l'aise et refusez de prendre la parole sur des sujets contraires à vos convictions, même s'ils sont à la mode ou dans l'actualité du moment. On ne peut pas bien parler d'un sujet que l'on ne sent pas. À un moment, vous allez sonner faux et ce sera contre-productif.

→ CLÉ Nº 2 : CONNAISSEZ VOTRE AUDIENCE

C'est fondamental de faire ce travail d'investigation sur le public qui va être dans la salle à vous écouter, sur les questions ou les thèmes sur lesquels on va vous questionner si c'est une interview. Vous parlez À UN PUBLIC et non pas devant un public. C'est une erreur d'appréciation assez fréquente et commune. Résultat, on parle sans réussir à créer de connexion avec son audience.

Les bons speakers savent à qui ils s'adressent, ont une vision à peu près claire des préoccupations de leurs audiences, de ce qu'elles attendent, de pourquoi elles sont là ce jour-là. Ça leur évite de réciter un texte, de faire un cours magistral et froid. Quand on prend la parole en public, on doit chercher avant tout à entrer en relation avec son public, ses audiences. C'est en associant le public à vos propos que vous réussirez à établir une connexion, une connivence.

Les speakers américains ont une technique d'entrée en matière pour créer de l'empathie, de la relation dès le début de leur prise de parole. Ils commencent très souvent par une anecdote, un souvenir ou fait personnel qui va immédiatement briser la glace et susciter l'empathie. Ils parlent d'abord à notre intelligence émotionnelle avant de chercher à entrer dans le rationnel de leur propos ou démonstration. Ils partent de l'intime pour arriver à leur sujet. L'émotion, l'intime permettent de créer de l'attention et de l'empathie.

→ CLÉ Nº 3 : CONSTRUISEZ UN DISCOURS CLAIR ET IMPACTANT

La clarté du message est fondamentale. L'objet d'une prise de parole n'est pas d'avoir une bonne note, d'être le plus intelligent, de faire étalage de toutes vos connaissances et expertises.

Une prise de parole réussie, c'est un moment où vous dégagez une ou deux idées-forces qui vont structurer votre propos et avec lesquelles vos audiences repartiront, grâce auxquelles elles parleront de vous autour d'elles. L'attention est probablement la capacité la plus compliquée à attirer et à conserver ensuite. Nous avons pris l'habitude de zapper d'une idée à l'autre et notre mémoire a besoin de messages forts, puissants, clairs, pour s'en souvenir.

Quand vous construisez votre présentation, gardez en mémoire ce besoin d'idées-forces.

— Cherchez à avoir une structure de présentation claire.
— Utilisez un vocabulaire direct et simple.
Travaillez la fluidité de vos enchaînements.
— Énoncez dès le départ le cadre et la structure de votre exposé pour faciliter le repérage de votre public.

Pour avoir un propos bien construit, vous pouvez utiliser la technique de la pyramide inversée :

— Commencez par le message le plus important dès l'introduction et les premiers paragraphes, car l'attention décline rapidement.
— Captez l'auditoire avec une question ou une anecdote pertinente par rapport à votre sujet.
— Ensuite, déroulez les détails importants.
— Concluez par une synthèse autour de l'idée principale.

→ CLÉ N° 4 : FAITES L'EFFORT DE LA SIMPLICITÉ

Allez à l'essentiel. Résistez à la tentation de vouloir tout dire, car le trop est l'ennemi du bien. Vous risquez de perdre votre audience, de la sentir décrocher, ce qui est assez désagréable et peut vous mettre dans une posture très inconfortable. Faites des choix et privilégiez les arguments qui servent directement votre propos, ce que vous voulez démontrer, vos lignes de force, fils conducteurs de votre présentation.

Mon conseil : *apprenez à calibrer vos interventions en fonction du temps de parole que vous avez. Écrivez un premier jet de votre discours, placez-vous devant un miroir et faites l'exercice à voix haute de dire votre présentation comme si vous étiez sur scène. C'est un super exercice qui vous permet de vérifier :*

- *la clarté de la structure de votre discours ;*
- *la fluidité des enchaînements ;*
- *la longueur ;*
- *la simplicité de compréhension de votre propos.*

→ CLÉ Nº 5 : INCARNEZ VOTRE PROPOS

Votre image est votre principale source d'efficacité. Gestes, regards, postures sont des leviers importants de votre prise de parole au même titre que vos déplacements et votre gestion de l'espace. On a tous en tête ces concerts où la dynamique créée par les artistes nous emporte, la musique, certes, mais aussi la scénographie. Rappelez-vous parfois ces concerts où les artistes bougent mal, où les chorégraphies sont inexistantes : on s'ennuie, en fait, et on décroche.

Le langage corporel est tout aussi important que le langage verbal. Ils se complètent l'un l'autre. Bien sûr, nous ne sommes pas tous Tina Turner ou Mick Jagger ! Pour autant, se déplacer sur scène, habiter son discours physiquement, participe à l'impact de notre prise de parole. Pensez-y quand vous choisirez votre tenue. Elle doit être rassurante et confortable. Vous devez vous y sentir bien, à votre avantage. Imaginez-vous sur scène en train de la porter et de faire votre speech. La visualisation est une étape importante qui vous permet de vous approprier le moment, de familiariser votre cerveau avec celui-ci.

Mon conseil : *ne portez ni chaussures neuves ni vêtements neufs ou d'un style nouveau sur scène. Vous risquez de vous créer un stress inutile si, pour une raison ou pour une autre, vous avez mal aux pieds ou vous vous sentez ridicule dans vos vêtements. Allez à la simplicité aussi en termes vestimentaires. Et ayez conscience de l'image que vous projetez. Ayez des tenues doudous qui vous rassurent et qui vous servent d'armure de Jedi. Plus la prise de parole vous stresse, plus ces tenues doudous vous apaiseront.*

Moi, j'ai choisi le noir sur scène, car il amincit et est flatteur pour la silhouette, dans une version pantalon, veste et talons hauts. Parfois, je l'illumine avec une chemise blanche.

→ ET BIEN SÛR, RÉPÉTEZ, RÉPÉTEZ, RÉPÉTEZ

Pas de prise de parole réussie si vous parlez le nez collé sur vos notes. Je suis certaine que tous les grandes ou grands speakers que vous admirez parlent sans notes. Moi, c'est le cas. J'adore regarder les « keynotes » d'Apple tellement le show est parfait. Discours limpide, clair, efficace, même sur les sujets technos plus ardus. Mais ne vous méprenez pas, pour parvenir à ce niveau de maîtrise, c'est beaucoup de travail de préparation et de répétition.

Parler sans notes, c'est apprendre son speech et s'exercer chez soi devant un miroir jusqu'à le connaître par cœur. Car c'est en maîtrisant votre texte que vous pourrez vous donner la liberté de faire des écarts, de vous connecter à votre audience, d'être en relation avec elle. Vous pourrez regarder l'assistance et capter l'attention de votre public en l'interpellant hors cadre…

Tous les grands speakers répètent pour pouvoir s'affranchir de leurs notes et parler en regardant le public. Ça requiert de l'entraînement et de la technique, oui, mais c'est parfaitement faisable même si vous êtes timide.

Je suis plutôt une speakeuse aguerrie. J'aime parler en public, être sur scène ou sur un plateau de TV et je le fais depuis de nombreuses années. Je prépare toujours mes discours et interviews, je répète mon texte pour le connaître par cœur, je me chronomètre pour le répartir en fonction de mon temps de parole. Je regarde de nombreuses conférences, shows, interviews, pour m'inspirer des meilleurs. Ce que je sais, c'est que **pour être à l'aise, c'est du travail. Ce n'est pas inné. C'est de l'apprentissage** jusqu'à ce que cela devienne un acquis, qui est à la portée de toutes et tous. Et même quand on est à l'aise, on répète pour parler sans notes avec fluidité et assurance.

N'hésitez pas à demander *des media trainings*, des formations de prise de parole en public, ne laissez pas ce dossier en friche, car un jour ou l'autre ça vous empêchera d'accepter une promotion, un nouveau challenge, une opportunité top. Et sincèrement, en apprenant les techniques, tout le monde peut y arriver et passer outre ses peurs, sa timidité, ses freins.

S'affirmer, demander, proposer, refuser

Personne ne peut définir votre place à votre place. Il vous appartient de le faire et particulièrement pour préparer la seconde partie de votre vie professionnelle. Vous ne pouvez pas laisser le hasard ou la chance décider pour vous. Ça vous met dans une position de fragilité et d'insécurité. N'externalisez pas la gestion de votre vie professionnelle à quelqu'un d'autre que vous.

> ***L'avancée en âge ne doit pas être un frein à l'expression de votre potentiel.***

Nos pensées limitantes du fait du poids de l'âgisme sont très puissantes et je sais combien il est difficile de lutter contre elles, de se convaincre que tout est possible, ouvert, que notre expérience et notre compétence peuvent être des points d'appui solides pour continuer à construire nos carrières. Gardez en tête que nos pensées sont à l'origine de nos actions. Les découvertes en neurosciences convergent vers ce point : nos décisions ne sont pas rationnelles dans 90 % des cas, elles sont issues de nos émotions et donc de nos pensées.

Conséquences : quel que soit le changement ou le rêve que vous souhaitez obtenir dans la vie, commencez par modifier votre système de pensée.

Savoir challenger son parcours professionnel aide à avancer. Il est important de savoir faire preuve de souplesse, d'adaptabilité, de changer d'entreprise si besoin, de se reconvertir, de se positionner sur un poste moins honorifique pour mieux rebondir ensuite (je sais combien cet exercice est difficile et demande beaucoup de travail sur soi pour neutraliser le binôme ego-fierté)...

Vous pouvez apprendre, essayer, échouer, recommencer, réussir... à partir du moment où vous vous l'autorisez. Nous n'avons pas de date de peremption et nous pouvons oser à tous âges. Oui, c'est plus difficile à partir de 50 ans. Mais baisser les bras n'est pas une option réaliste, ni épanouissante.

Définir son plan d'action

Des rêves sans plan d'action concret, ça reste des rêves. Quel que soit le sujet du rêve, la méthode qui marche est toujours identique :

— Identifier son objectif, le formuler. Rien de plus décourageant qu'un objectif inatteignable. Rien de moins engageant qu'un projet flou ou dont on ne peut pas vraiment mesurer les résultats.

— Identifier les étapes nécessaires à la mise en place de la stratégie de conquête :

- Qui sont les acteurs clés ?
- Qui peut vous aider ?
- À quel moment les solliciter ?
- De quels outils/compétences avez-vous besoin pour obtenir ce que vous souhaitez ?

— Demander de l'aide si on en ressent le besoin et se faire accompagner pour avancer plus loin : coachs, psychologues, consultants, formateurs… N'hésitez pas à faire appel à des professionnels dont les méthodes peuvent aider à débloquer certains nœuds de vos pensées, pousser plus loin les réflexions, mettre en avant vos points forts… vous permettre d'avoir une lecture différente de la situation dans laquelle vous pouvez vous sentir engluée.

Je vous propose une méthode utile pour vous aider à formuler vos objectifs professionnels : la méthode S.M.A.R.T, Spécifique – Mesurable – Atteignable – Réaliste – Temporel.

→ la méthode S.M.A.R.T

Lorsque vous choisissez un objectif, vérifier toujours qu'il répond à ces 5 points :

1. SPÉCIFIQUE :
   - → Précisez ce que vous voulez faire.
   - → Utilisez des verbes d'action.
2. MESURABLE :
   - → Définissez une méthode et des critères d'évaluation.
   - → Utilisez des indicateurs précis.
3. ATTEIGNABLE :
   - → Possible d'accomplir, réalisable.
   - → Dans votre champ d'action.
4. RÉALISTE :
   - → Vos objectifs doivent correspondre à vos valeurs et à vos objectifs à long terme.
5. TEMPOREL :
   - → Donnez-vous des dates de réalisation.
   - → Soyez précise sur les délais de mise en œuvre.

“

Nos

CARRIÈRES

ne sont plus

forcément

LINÉAIRES.

”

Préserver sa santé

Quand on évoque la vie professionnelle, la gestion de carrière, on parle peu de la santé physique et mentale qui pourtant sont essentielles à notre équilibre de vie global.

Je remarque dans mes échanges avec vous que si vous avez conscience que pour aller loin, il est utile de ménager sa monture – autrement dit notre corps –, le sujet demeure vague. Pourtant, nous sommes responsables de notre santé et soigner sa santé via une prévention active est le meilleur moyen de préserver sa longévité en bonne santé.

→ CONNAÎTRE SON CORPS ET SES BESOINS

Il est important que vous compreniez votre chronobiologie, vos besoins énergétiques, le fonctionnement de votre métabolisme, le rôle du sucre et de l'insuline dans la prise de poids à la ménopause, les dangers de la sédentarité pour votre santé et votre espérance de vie en bonne santé. Être au clair sur tous ces points vous permettra de piloter votre santé et votre énergie.

Dans mes précédents ouvrages, *Belle et bien dans son âge* et *J'ai l'âge que je veux !* (éditions Leduc), je vous donne toutes les clés de la bonne santé et de la longévité active.

Au-delà du corps physique, **apprendre à gérer le stress et les émotions** est essentiel pour **préserver sa santé mentale.** Trop souvent la loi du silence et le « no pain, no gain » enferment les femmes dans une spirale de souffrance et d'impossibilités dont elles ne voient pas l'issue. La supériorité de la charge mentale des femmes est une réalité qui traverse tous les milieux socioprofessionnels. C'est ce que pointe Élisabeth Badinter dans son dernier ouvrage, *Messieurs, encore un effort*. Elle y dénonce la difficulté d'être mère, d'être femme aujourd'hui tant nous avons une charge mentale importante qui ne diminue pas, car une fois les enfants élevés, ce sont les parents vieillissants dont nous devons nous occuper.

À cette charge mentale s'ajoute le « worry gap », concept qui pose que les femmes sont plus soumises à l'anxiété que les hommes. Elles accumulent des charges matérielles et émotionnelles telles qu'elles se retrouvent logiquement à se faire du souci de façon plus intense que les hommes.

C'est une situation d'urgence permanente qui rend le quotidien oppressant. Essayer sans cesse d'avoir un coup d'avance, anticiper les plannings de la famille et de ses équipes, créent une inquiétude sourde qui engendre un sentiment constant d'incertitude. L'esprit ne trouve pas la tranquillité, car il est dans l'attente d'une menace à venir. Or, s'inquiéter constamment altère la concentration, entrave l'action et finit par endommager la santé. Cela ne signifie pas que les hommes n'ont pas de soucis, juste que l'inquiétude est vécue différemment.

Résultat, soit les femmes quittent leurs entreprises sous le poids des contraintes trop lourdes à gérer, soit elles demandent à passer à mi-temps et grèvent leurs carrières, soit elles font des burn out.

Le burn out est une maladie sérieuse à considérer avec beaucoup d'attention, car il n'arrive pas qu'aux autres et surtout il peut causer des dommages importants : fatigue, difficultés à se concentrer, perte d'énergie... Les symptômes sont nombreux et ils ne doivent pas être pris à la légère.

Quelques mots de mon histoire personnelle pour parler du burn out. Un matin, je me suis réveillée sans plus pouvoir poser un pied par terre. J'étais épuisée nerveusement, j'évoluais dans un environnement de travail hautement toxique, mais prestigieux. Je serrais les dents depuis quelques mois pour tenir malgré les embûches, les coups tordus, les pressions, le stress. Je suis allée au bout de mes forces et au-delà, n'écoutant pas les signaux avant-coureurs. Mon irritabilité, mes difficultés de concentration et de résistance aux divers harcèlements auraient dû m'alerter. Je n'étais pas réceptive aux messages. Alors, mon corps a décidé de débrancher l'électricité, de couper l'énergie, de se mettre en mode veille. Ma tension était tombée en dessous de 10 et j'étais incapable de bouger. Diagnostic : burn out. Pas une forme trop grave, car mon instinct de survie m'a protégée en demandant assez rapidement à mon corps de réagir pour mettre fin à cette situation intenable. Pour me reconstruire, j'ai quitté ce job, pris des semaines off, voyagé, travaillé sur moi pour restaurer ma santé mentale et physique. Et après j'ai organisé mon rebond une fois requinquée !

→ ANTICIPER LA MÉNOPAUSE, SE PRÉPARER À CETTE PÉRIODE

100 % des femmes de plus de 45 ans (en vie) traverseront la périménopause (cette période de variations des cycles), puis la ménopause. Ce n'est pas en soi un évènement si exceptionnel, si ce n'est qu'il le devient du fait de sa cohorte d'images négatives associées à cette étape biologique de notre corps. Vieillissement accéléré et genré des femmes, dégradation du corps des femmes, maladie… Que n'entendons-nous pas sur ce sujet. Dernier tabou féminin par excellence.

J'ai beaucoup parlé de la ménopause dans mes précédents ouvrages (*Belle et bien dans son âge*, *J'ai l'âge que je veux !*), tant des symptômes que des effets collatéraux, mais aussi de la prise en charge de son corps pour éviter de prendre du poids et de souffrir de cette période.

Ce que je souhaite souligner aujourd'hui, c'est **la nécessité de l'anticiper, de la planifier** tout comme on le fait pour ses grossesses. On sait que c'est un phénomène biologique naturel, qui va toutes nous impacter de façon différente, avec plus ou moins d'ampleur. Rien ne sert de faire l'autruche.

Anticiper la ménopause, ça veut dire préparer son corps à absorber les modifications hormonales et les éventuels effets collatéraux, car on maîtrise mieux ce qu'on anticipe.

“

Ne vous

laissez pas

DÉSTABILISER

par la

MÉNOPAUSE.

”

Anticiper la ménopause, c'est comprendre que c'est le moment de se réconcilier avec son corps, avec son image ; de faire alliance avec lui et non le combattre.

Mon conseil :

- *Dès 45 ans, faire un bilan gynécologique complet et faire de son gynéco son partenaire santé pour gérer au mieux cette période.*
- *Définir sa stratégie d'action pour gérer les effets collatéraux de la ménopause : bouffées de chaleur, sautes d'humeur, fatigue...*
- *Revoir son hygiène de vie globale et opter pour une alimentation saine sans sucre.*
- *Se mettre au sport si on n'en fait pas de façon régulière et disciplinée. Il est impossible de rester en bonne santé au-delà de 50 ans sans faire de sport. Il impacte l'ensemble de nos fonctions : cardiaques, métaboliques, pulmonaires, digestives...*

On gère mieux ce que l'on a anticipé, planifié. Pour vivre au mieux votre ménopause, documentez-vous le plus en amont possible de façon à comprendre ce par quoi votre corps va passer et les effets collatéraux éventuels que ces changements hormonaux peuvent produire.

Chaque femme vit sa ménopause de façon unique, particulière.

Un peu comme on prévoit ses grossesses, je vous conseille de prévoir et en quelque sorte **d'organiser votre ménopause.** Oui, dit comme ça, vous pouvez être surprise, mais en y réfléchissant vous comprendrez l'utilité de ne pas être prise au dépourvu ni de vous sentir déstabilisée par les bouffées de chaleur, les fluctuations de vos humeurs, la fatigue, les suées nocturnes, les insomnies...

La meilleure façon de le faire est de choisir votre partenaire santé en amont. Généralement votre gynécologue. Mais si le vôtre ne vous semble pas spécialement intéressé par le sujet, changez-en. Il est essentiel d'avoir un interlocuteur en qui vous avez confiance et qui saura vous suivre tout au long de cette période. C'est important de se faire accompagner par un professionnel de santé pour non seulement s'informer, mais aussi corriger les facteurs de risque qui peuvent aggraver les symptômes de la ménopause (tabac, sédentarité, antécédents cardio-vasculaires familiaux, diabète...). De plus en plus de consultations spécialisées en ménopause s'ouvrent dans les hôpitaux publics.

« Ne vous laissez pas non plus réduire à la ménopause. »

La ménopause est un processus biologique naturel, ce n'est pas un état d'être ni une maladie. Mais c'est une période qui peut se révéler délicate et source de vulnérabilité, de fragilité. La meilleure façon de la traverser est de comprendre son corps, ses transformations et ce dont il a besoin.

C'est le moment de se réconcilier avec son corps, d'apprendre à entendre ses besoins, de chercher les solutions les mieux à même de vous rendre du confort physique et mental. Dans mes deux précédents ouvrages, je vous donne les clés de décryptage des besoins de votre corps, les bases d'une hygiène de vie vous permettant de mieux absorber les chocs des effets collatéraux de la ménopause.

Oui, il est tout à fait possible de traverser la ménopause sans prendre de poids, sans être épuisée ni ressentir des douleurs articulaires. À condition de respecter le triptyque : je divise par 2 mon assiette, je multiplie par 2 le sport, je pratique le jeûne intermittent au moins 1 fois par semaine.

→ COMMENT GÉRER SA MÉNOPAUSE EN ENTREPRISE ?

Pourquoi peut-on parler à la machine à café de grossesse, de post-partum, d'endométriose, de règles, d'accouchement... et pas de ménopause ? C'est un sujet féminin comme un autre.

Dédramatisons-le en en faisant un sujet de santé globale des femmes pris en charge par la médecine du travail. Dédramatisons-le en l'incluant naturellement dans nos conversations. Faites-en un sujet de partage, d'échanges, de discussions entre femmes, développez une solidarité générationnelle.

Osez porter le sujet dans votre entreprise, devenez une « ménopause warrior ».

J'ai conscience que c'est encore un tabou sociétal difficile à aborder. Mais le meilleur moyen de ne pas se faire imposer un agenda qui n'est pas le sien est de passer à l'attaque en premier. **Ne nous cachons plus comme si nous étions victimes d'une maladie honteuse.** Ostraciser les femmes du fait de la menopause, c'est une discrimination, surtout quand on laisse entendre ensuite qu'il y aurait pour les femmes une date de péremption. C'est potentiellement un sujet de RSE et surtout il n'y a nulle honte à ressentir à cette période-là de votre vie.

Il est vraiment temps de faire changer les regards sur la ménopause, qui peut être délicate mais qui ne doit pas être un sujet de discrimination pour autant. Or, aujourd'hui, elle est utilisée pour genrer l'âge et faire ressentir aux femmes une double peine, l'âgisme + le sexisme.

Bien accompagnées, nous avons tout en main pour transformer cette période de notre vie en un moment d'épanouissement et de puissance. Oui, de puissance, car nous sommes alors plus libres, plus expérimentées, prêtes à déployer encore plus de potentiel.

Pour ce faire, **développons la solidarité féminine** dans nos entreprises. Développons une réelle dynamique de sororité autour des femmes de 45+ en y intégrant les plus jeunes qui aujourd'hui sont terrorisées à l'idée de vieillir et de se retrouver exclues du monde du travail à partir de 45 ans.

Alors, la prochaine fois que vous vous surprendrez à qualifier une de vos collègues ou amies de « ménopausée », réfléchissez et adoptez une posture plus conciliante, ne participez pas à véhiculer les clichés, archétypes, images négatives de la femme ménopausée. Quand une de vos collègues a subitement chaud, ouvrez gentiment la fenêtre, montrez de l'empathie, du soutien à celle qui sera sujette aux montagnes russes émotionnelles.

Changeons collectivement notre regard sur cette étape de notre vie. Initions un mouvement de reconnaissance du milieu de vie comme source de plein épanouissement et de pleine puissance pour nous les femmes. Entraidons-nous !

SOPHIE KUNE. AIDER LES FEMMES À RESTER PERFORMANTES.

Sophie a fait de la ménopause son combat. Autrice de *Game Is Not Ovaire* (éditions Marabout) et du compte Instagram @menopause.stories, elle se définit comme « Chief Menopause Officer ». Son objectif est de faire la pédagogie de la ménopause en donnant accès aux femmes à l'information qui fait cruellement défaut pour comprendre la ménopause, cette étape, et se l'approprier sans honte ni complexe, sans tabous. Elle partage des histoires, interviewe des spécialistes, pour permettre aux femmes de vivre leur ménopause sans angoisse, sans complexe ni honte et de rester en pleine forme.

Quand je l'interroge sur la ménopause au travail, elle me dresse un tableau complexe qui mêle la peur des femmes de se sentir déclassées, catégorisées et invisibilisées, et l'absence de structures de dialogues dans les entreprises qui laisse les femmes démunies et seules face à leurs symptômes et besoins. « La ménopause au travail est un impensé », me dit-elle. Elle apparaît trop souvent aux femmes comme « sans issue », comme une indication de péremption et de sortie, « *exit*, on tire le rideau ». Résultat, les femmes ont peur d'en parler. C'est un sujet qui demeure tabou même entre femmes. Peur de perdre son job, de ternir son image, de passer dans la case des « vieilles », de ne plus être considérée comme performante, efficace, « bankable ».

▶

Une aberration, car 50 ans, c'est le moment de la pleine puissance où l'expérience couplée aux convictions de la maturité rend plus solide, plus affirmée. Les femmes sont des piliers dans leur famille, dans les entreprises et dans l'économie en général. Mais les archétypes ayant la vie dure, tous les messages de dégradation, d'obsolescence liés à ce moment biologique de la vie des femmes fragilisent, instillent le doute et déstabilisent.

« Il y a trop de curseurs négatifs », me dit Sophie, il manque cruellement dans les entreprises de vision globale sur la construction des trajectoires féminines. La structure globale n'est pas posée en termes de connaissances, de pédagogie, de transmission et d'accompagnement.

Et nous faisons face à l'absence de « rôles modèles » auxquels s'identifier. Lentement, certaines personnalités, le plus souvent anglo-saxonnes, commencent à en parler, mais le chemin est long et surtout très lent.

Comment organiser, planifier et aider les femmes à construire leur chemin de vie professionnelle en intégrant toutes les étapes naturelles de la vie, de la maternité quand il y en a le désir à la ménopause sans les effrayer ni les pénaliser ?

Idéalement, nous devrions être invitées à y réfléchir dès le début de notre carrière professionnelle de façon à construire nos trajectoires de vie professionnelle en connaissance de cause, en ayant en main tous les paramètres de l'équation dans la durée. Trop souvent on laisse les évènements nous construire, les autres nous placer là où bon leur semble. La ménopause, avant d'être un sujet médical, est un sujet d'hygiène de vie globale dont il conviendrait de parler aux et avec les femmes le plus tôt possible dans une optique pédagogique de

« détabouisation ». Ce qui sous-entend une organisation de consultations féminines programmées, une sorte de parcours de santé féminin.

Les entreprises voient essentiellement la perte liée à cette période, alors qu'une ménopause bien gérée, bien anticipée, bien expliquée et bien accompagnée pourrait permettre aux femmes de traverser cette période de façon plus sereine et aux entreprises de remplir leur fonction de développement et d'accompagnement de leurs salariées favorable à leur performance et compétitivité. Aménager les espaces de travail, intégrer à la médecine du travail une consultation ménopause, ouvrir des espaces d'échanges et de dialogues pour sortir la ménopause de l'ostracisme et la banaliser. Ce qui est banal n'est plus sujet à discrimination. La place du sport (proposition de cours en ligne ou avec un coach, réunions debout, swissball pour s'asseoir, bureaux optimisés) mais aussi le télétravail si besoin, des accès à des points d'eau fraîche, des salles de repos, et si besoin une adaptation des uniformes.

Plus on aidera les femmes à rester performantes au moment de la ménopause, plus on lèvera les tabous à la fois de l'âgisme et du sexisme. C'est la mission que s'est donnée Sophie qui inlassablement travaille à transmettre aux femmes toute l'information nécessaire au desserrement de l'étau de la ménopause. Plus la parole autour de la ménopause se libérera, plus les femmes retrouveront leur puissance.

→ Vous pouvez suivre Sophie sur son compte Instagram @menopause.stories et aussi lire *Game Is Not Ovaire*, aux éditions Marabout.

CHAPITRE 3

RÉHABILITER L'AMBITION FÉMININE

Avez-vous remarqué combien l'ambition féminine a une image délicate, pour ne pas dire négative ?

Elle ne semble pas naturelle. Trop souvent, les femmes qui ont envie de faire carrière sont perçues comme carriéristes, agressives, arrogantes, vaniteuses, vénales, prétentieuses, égoïstes, individualistes, manipulatrices, dominatrices, attirées par l'argent, égocentriques, à la recherche de visibilité, narcissiques, prêtes à sacrifier leur temps libre au profit de leur réussite. Et ce n'est qu'un petit aperçu de ce que j'entends à propos de celles-ci. Curieusement, la carrière des hommes paraît plus naturelle et n'attire pas autant de qualificatifs désobligeants. Ça nous semble réservé à nous, les femmes.

Selon l'historienne Michelle Perrot, la féminité a été construite sur l'idée de don. La femme donne la vie, son lait, son argent, elle n'est pas là pour son intérêt personnel, mais pour celui de sa famille. De l'autre côté, la virilité a été construite sur l'idée de puissance, et dans nos sociétés, la puissance est économique, professionnelle. D'où la mauvaise image de la femme qui veut réussir en dehors du cadre qui lui est assigné, à savoir le cadre familial. Le rapport à l'argent, au pouvoir, à la puissance, est genré. C'est une construction ancrée profondément dans nos inconscients collectifs. À nous de la refuser et de la déconstruire en affirmant nos désirs de puissance économique, financière, de réussite en dehors de la sphère familiale, si telles sont nos envies.

Autant le dire tout de suite, oui, les femmes sont légitimes à avoir de l'ambition, à vouloir se construire un chemin de vie professionnelle dense, épanouissant, à exercer des responsabilités, à avoir du pouvoir, à gagner de l'argent. Voilà là où le bât blesse : le pouvoir, chasse gardée masculine pendant tellement longtemps et que nous challengeons de plus en plus en osant affirmer notre désir de puissance.

Notre ambition s'exprime tout au long de notre parcours professionnel. Elle en est la colonne vertébrale. Elle se construit, se pense, elle ne peut pas être déléguée ou laissée au bon vouloir d'un patron, d'un mentor… de quelqu'un d'autre que vous. Vous seule êtes maître de votre désir, de vos motivations, de là où vous souhaitez aller et du comment vous voulez écrire votre parcours professionnel.

Et ne nous laissons pas abuser par les stéréotypes jeunistes en place, les seniors sont des contributeurs essentiels au tissu économique et social, nous sommes des créateurs de valeur ajoutée, des relais de transmission indispensables.

Oser sa puissance.

Rechercher sa voix et prendre sa place, celle que nous souhaitons occuper et non celle que l'on nous destine. La place que nous pensons être juste pour nous. Si on pense qu'on est mieux assise à l'orchestre que sur un strapontin parce qu'on voit mieux, on entend mieux, on profite mieux, alors on s'écoute, on ose et on prend cette place en étant certaine que c'est la nôtre, celle que nous nous destinons. Tant pis si ça énerve ou chatouille nos collègues, nos amies, notre famille.

Et non, la puissance n'est pas de l'impertinence, de la hardiesse déplacée qui vise à mettre l'autre mal à l'aise. C'est au contraire, me semble-t-il, une façon **d'assumer sa responsabilité,** de ne pas déléguer à autrui la charge d'un chemin qu'il nous appartient en propre de découvrir, de bâtir.

LES 3 CLÉS
de la puissance

Pour avoir une voix, se faire entendre et être écoutée, il faut 3 choses :

→ Être audible.
→ Être crédible.
→ Être visible.

Comment faire pour atteindre ces 3 objectifs ? Quels moyens déployer pour construire notre voix, notre assurance et notre visibilité ?

Travailler son image au travail

Trop ou pas assez, les femmes sont en permanence challengées et jugées. Trop autoritaires, trop dures, trop scolaires, pas assez affirmées, solides, disponibles le soir... qu'entendons-nous sur nous que nous n'entendons pas sur nos collègues masculins !

Très souvent, en entreprise, nous sommes soumises à des injonctions contradictoires :

— Il nous faut tenir nos objectifs sans être trop dans le contrôle.
— Se montrer féminine, mais pas trop séduisante.
— Exprimer son leadership, mais bien rester dans le rang et ne pas faire d'ombre.
— Être charismatique sans prendre trop de place.

Ça vous rappelle quelque chose ? Et ce n'est pas étonnant. J'ai passé plus de vingt ans à naviguer dans des organisations internationales où les carrières des femmes étaient scrutées et appréciées différemment de celles des hommes.

J'en ai retenu une leçon essentielle : **on ne peut pas laisser son image en friche.** Autrement dit, rien n'est anodin, tout est communication et le non-choix est un choix qui peut se révéler glissant. Nous sommes des émettrices de signes et plus tôt nous en prenons conscience, plus vite nous apprenons à jouer avec. L'idée n'est pas de rentrer dans une case qui ne nous convient pas, mais de comprendre les cases en présence et de décider de ce qui nous ressemble, nous correspond. Parfois, nous sommes amenées à faire des compromis et ce n'est pas grave, ce qui importe, c'est la colonne vertébrale sur le *long run*, c'est de trouver son alphabet, comme le souligne Perla Servan-Schreiber. Le sien passe par la couleur blanche, qu'elle porte du 1er janvier au 31 décembre. C'est devenu une de ses marques de fabrique.

On peut se permettre des digressions quand on a assis son pouvoir, défini sa place, posé son cadre et que notre compétence est reconnue. Pendant les années d'apprentissage, on regarde, on apprend, on se nourrit des leçons de savoir-faire des autres femmes. On ne peut pas tout de suite décider de renverser la table et imposer son style quand on vient d'arriver dans un milieu professionnel, une entreprise dont on n'a pas tous les codes en main.

→ COMMENT TROUVER SON STYLE AU ROYAUME DES INJONCTIONS CONTRADICTOIRES ?

Chaque univers a ses codes, son langage. Il est délicat, voire difficile, d'en faire abstraction. Rien ne vous oblige à suivre à la lettre des codes vestimentaires ou de comportements qui ne vous conviennent pas. En revanche, pour vous en affranchir ou jouer avec, **vous devez les connaître.** Vous aurez toujours la liberté de vous positionner en rupture avec ces

“

Rien n’est

ANODIN.

Ne laissez pas

votre

IMAGE

en friche.

”

codes, de faire un pas de côté face à des normes comportementales qui ne vous correspondent pas. Faites-le en ayant conscience des conséquences de ces choix.

Tous les milieux professionnels n'offrent pas la même liberté. Testez les limites et ne vous exposez pas inutilement. Préférez les passages en douceur aux passages en force souvent associés à de la provocation.

J'ai eu la chance d'évoluer professionnellement dans des univers très créatifs où nous avions une grande liberté à la fois vestimentaire et de comportements. Cependant, il y avait quand même des codes et j'ai vite compris quel était mon champ d'action, ma marge de manœuvre. Je twistais ce qui pouvait l'être et je suivais à ma façon les règles incontournables. Je gérais mon image, je la construisais au fur et à mesure de mes fonctions, de mes responsabilités. J'avais compris que je devais trouver un équilibre entre ces trois dimensions clés du pouvoir : être audible, être visible et être crédible.

Cela nous amène à la relation avec le regard de l'autre.

→ COMMENT MIEUX VIVRE AVEC LE REGARD DE L'AUTRE ?

Les autres, en général, on leur accorde trop d'importance, et ce faisant on leur donne sur nous un pouvoir souvent malgré nous, sans vraiment nous en rendre compte ni en mesurer les conséquences. Notamment celles de déléguer à l'extérieur de soi la perception de sa valeur, la définition de sa place.

Pourquoi est-ce un problème de trop accorder d'importance au regard des autres ?

Tout simplement parce que vous aliénez une part non négligeable de votre liberté et de votre confiance en vous. Quand on va chercher à l'extérieur de soi un assentiment, la permission de faire quelque chose, de prendre la parole, d'avoir des initiatives, on perd une partie de sa liberté, de sa créativité et surtout de sa confiance en soi. On s'expose à une dépendance extérieure, on se fragilise.

Les autres, c'est bien de savoir qu'ils existent, de les maintenir à une distance raisonnable et de ne pas leur accorder trop d'importance. On les écoute, on les consulte et on décide ensuite de la conduite à tenir, du chemin à prendre.

Développer son « personal branding »

Autrement dit, votre narratif individuel, votre histoire. Ce qui vous amène à vous envisager comme une marque.

Je vois votre sourcil manifester un étonnement : moi, une marque ?

Oui, nous vivons dans des environnements où tout est signe, où tout est analysé et interprété soit de façon explicite (votre C.V.), soit de façon implicite (vos réseaux, vos prises de parole, votre comportement, votre présentation, votre gestion de situations complexes...).

Pour émerger, être visible, je vous conseille de :

— choisir et affirmer votre proposition de valeur, c'est-à-dire ce qui vous rend unique, ce qui définit votre expertise, votre compétence socle de votre offre transactionnelle dans l'entreprise ;

— travailler votre style, décider de la façon dont vous souhaitez vous présenter, car votre style vestimentaire et votre style comportemental sont des clés d'expression de votre singularité.

Ayez conscience de votre image, de ce que vous émettez. Nous vivons, que cela nous plaise ou non, dans une société de l'image dans laquelle tout est signe. Il est impossible de l'ignorer et de faire comme si cela n'existait pas. Une image mal gérée, mal construite, peut créer des effets négatifs préjudiciables à votre carrière, à votre évolution professionnelle.

Les femmes sont bien davantage jugées sur leur apparence physique que les hommes. Même si cela ne nous plaît pas, nous devons composer avec cet état de fait. Tout est scruté. Nos choix vestimentaires, notre coiffure, notre présentation globale. Les exemples de remarques faites à propos de telles ou telles femmes politiques, chefs d'entreprise, actrices, journalistes, sont légion tous les jours… Ne nous voilons pas la face, ça existe et nous devons le prendre en compte, même si ces remarques nous dérangent, car tellement genrées. On peut aussi décider d'en jouer et d'en faire un signe distinctif, un signe de reconnaissance et un point de vue.

C'est l'angle que j'ai choisi.

J'ai toujours eu des cheveux « beurre frais peroxydé », porté des talons de 12 cm en toutes circonstances et des pantalons en cuir. J'en ai fait une marque de fabrique. J'ai assumé mes choix envers et contre toutes les remarques négatives que je n'ai pas manqué d'entendre. J'ai décidé de passer outre les avis de personnes dont je connaissais les motivations « négatives ». J'ai pu le faire car j'intervenais sur des univers qui valorisaient la créativité. Il n'y avait pas vraiment de normes à respecter, donc nous étions libres d'inventer les nôtres. Dans des univers plus codés, il convient de bien comprendre les codes d'abord pour ensuite mesurer la marge de manœuvre dont on dispose pour faire le pas de côté qui nous convient.

Notre style, notre façon de nous habiller ou de nous coiffer, notre posture, sont signifiants. Opter pour le bon style et avoir une image qui nous correspond vraiment est la clé pour rayonner et révéler tout notre potentiel.

Une image en accord avec notre personnalité est un cercle vertueux : en accroissant l'estime de soi, en engendrant de la confiance et du bien-être, en transmettant le meilleur de nous-mêmes, elle nous permet de relever tous les challenges, aussi bien professionnels que personnels. Si vous vous posez des questions sur votre style, si le sujet vous questionne et que vous ne savez pas comment l'adresser, n'hésitez pas à faire appel à des professionnels du style. De nombreux grands magasins proposent des services de « styliste perso » et il me semble intéressant de pouvoir échanger avec des professionnels qui sauront vous orienter, vous guider, vous proposer des associations auxquelles vous n'auriez pas pensé, des couleurs, des formes aussi qui ne vous sont pas habituelles. Souvent, dans ce type d'exercice, on se découvre des facettes inconnues et on se surprend.

Investissez sur vous. Le bien-être est un facteur primordial de réussite et je suis convaincue qu'il dépend en grande partie de l'image que nous avons de nous-mêmes et que nous renvoyons aux autres. Si on est à l'aise avec l'image que l'on projette, alors les relations avec autrui en sont facilitées.

La méthode du « cercle d'or » est intéressante, car elle nous incite à nous présenter non pas en partant de l'extérieur, de « ce que nous faisons », mais en partant de l'intérieur, de « ce qui nous anime ».

→ La méthode du « cercle d'or »

Développée par Simon Sinek, le « cercle d'or » est une méthode très efficace pour parler de soi, mettre en lumière ses actions et valoriser sa singularité, en un mot pour affiner son positionnement, son « personal branding ».

Elle consiste à répondre à 3 questions :

- Le Pourquoi (*Why*) : c'est notre raison d'être, notre ADN, ce qui nous pousse à faire ce que nous faisons, ce qui nous motive profondément, notre but, notre croyance qui motive notre action.
- Le Comment (*How*) : là, nous touchons aux actions que nous mettons en œuvre pour donner corps à notre pourquoi.
- Le Quoi (*What*) : c'est notre valeur ajoutée, la valeur que nous créons.

“

L'IMAGE n'est pas une question SUPER-FICIELLE.

”

Je vous donne un exemple issu de mon propre exercice du « cercle d'or ».

« Je suis animée par la volonté d'inspirer, de motiver, d'accompagner les femmes de 50+ dans leur parcours de vie à chaque étape pour ouvrir leur champ des possibles, les encourager à révéler leur plein potentiel et habiter leur âge sans complexe.

À ce titre, j'écris des guides de développement personnel, j'anime une plateforme digitale qui leur est dédiée, je donne des conférences. Je leur offre toutes les clés pratiques pour se libérer des entraves de l'âgisme. »

Vous voyez que cette méthode vous offre la possibilité de vous présenter sous un angle unique, qui met en avant votre singularité, et qui vous permet de vous différencier et de laisser une trace. Elle donne des pistes pour construire son récit personnel.

EN BREF
Le personal branding

Retenez que le personal branding repose sur 3 dimensions complémentaires :

→ **La connaissance de soi :** elle passe par un travail sur soi. Quel que soit le mode que vous choisissez, le type de thérapie, apprendre à se connaître, descendre dans ses abysses pour mettre en lumière ses peurs, ses colères, c'est se donner l'opportunité de comprendre, de s'approprier et de gérer ses émotions.

→ **La capacité à se faire connaître en interne** (votre entreprise, votre groupe) **et en externe** (votre marché, votre secteur d'activité).

→ **La valorisation de soi,** autrement dit savoir se faire reconnaître, savoir communiquer sur ses réalisations et forces.

Construire et entretenir sa légitimité

La légitimité repose sur un triptyque qui associe :

- La connaissance : ce que je sais.
- L'expérience : ce que je fais.
- Les convictions : ce que je crois.

→ LA CONNAISSANCE : CE QUE JE SAIS

Soyez experte de votre (vos) sujet(s), incollable sur vos sujets d'expertise, travaillez à fond vos connaissances, elles sont un pilier essentiel de votre légitimité et donc de votre crédibilité. La connaissance est un pouvoir, voire un super-pouvoir, qui ouvre les portes, élargit le futur, amplifie votre potentiel. C'est un prérequis indispensable à la construction de sa vie professionnelle.

→ L'EXPÉRIENCE : CE QUE JE FAIS

Nous faisons beaucoup et nous communiquons peu sur nos réalisations. Nous sommes freinées par nos pensées limitantes qui nous incitent à **l'autocensure, à minorer nos actions.** La première chose à faire est de bannir la phrase : « J'ai eu de la chance. » Si vous êtes arrivée là où vous en êtes, c'est parce que vous avez travaillé dur. Vous êtes allée chercher votre victoire, alors savourez-la et revendiquez-la. Parlez-en comme le font vos collègues masculins. **Soyez fière de vos accomplissements, cherchez à en être créditée.** Oubliez la chance, elle n'a rien à voir avec votre réussite. C'est votre travail, votre implication, votre engagement qui vous ont conduits au succès. Assumez vos réalisations petites et grandes et communiquez sur elles.

→ LES CONVICTIONS : CE QUE JE CROIS

Affirmer sa puissance, prendre sa place, c'est afficher ce en quoi on croit. C'est l'inverse de la neutralité. C'est choisir, décider, prendre un risque dans ses domaines de compétences, d'expertises. **S'autoriser le droit de polariser en cherchant à se démarquer, versus chercher le consensus.** Pour sortir de la neutralité qui rend invisible, forgez-vous, sur quelques sujets clés de votre expertise, des convictions fortes, et n'hésitez pas à les marteler dans vos prises de parole en interne et en externe, que cela soit dans votre entreprise ou sur vos réseaux sociaux.

Afficher, revendiquer, porter ses convictions, ce n'est pas un concours de popularité (ne cherchez pas à être la personne la plus populaire de la machine à café), mais une stratégie pour accrocher vos cibles, pour capter l'attention de vos audiences.

> ***La légitimité repose aussi sur notre capacité à décider…***

Faire des choix construit notre légitimité globale tant en interne qu'en externe. Car choisir est une preuve d'audace, de courage, de responsabilité. Certes, accepter le doute est sain et permet de challenger les idées reçues, d'approfondir une question, mais à un moment il faut trancher, décider, choisir une option plutôt qu'une autre et ce faisant **accepter le risque, l'incertitude du résultat final.** Ainsi, vous montrez que vous assumez vos responsabilités et que vous avez confiance en vous.

Cela suppose d'abandonner l'idée de vouloir faire l'unanimité, d'assumer d'avoir le courage de déplaire. Vouloir plaire à tout le monde, c'est finalement refuser d'avoir des convictions, c'est chercher l'assentiment à l'extérieur de soi. C'est une preuve de manque de confiance en soi.

> ***… et à oser.***

Plus on ose, plus on s'autorise à sortir des sentiers battus, à penser « out of the box », à commencer un nouveau métier si le nôtre ne nous apporte plus de satisfaction. Plus on se familiarise avec l'audace, le risque, plus on s'autorise à être légitime.

“

Oser saisir les

OPPOR-

TUNITÉS

et les transformer

en expériences

POSITIVES

”

Assumer et cultiver sa singularité

La différence est une force. L'expérience et la maturité nous permettent de nous en rendre compte. Plus jeunes, on cherche l'assentiment du groupe, du collectif, pour calmer nos insécurités. **Au fil des années, on comprend la valeur de la singularité.** C'est elle qui permet d'aligner nos pensées, nos actes et nos mots. Elle favorise l'ancrage, la solidité intérieure et nous permet de nous sentir alignées.

Je crois en **la force de l'optimisme,** qui est une posture mentale puissante. Elle permet de naviguer par tous les temps, y compris dans les environnements toxiques ou stressants, et elle est résolument tournée vers l'action, l'avenir, vers ce qui doit être fait et non ce qui a été perdu.

Au quotidien, cultiver l'optimisme requiert de prêter attention à son langage intérieur, de suivre les précieux enseignements de l'accord toltèque n° 1, « que ta parole soit impeccable ». Les mots ont un grand pouvoir et la façon dont nous nous parlons n'est pas sans conséquence. Si votre petite voix intérieure vous rappelle en permanence vos manques, vos insécurités, vos peurs, elle vous paralyse, vous censure.

> ***Une parole impeccable est donc une parole qui ne nous nuit pas.***

Ce qui signifie non seulement s'abstenir de se juger, de se critiquer, de répéter à son encontre les propos désobligeants d'autrui, de nettoyer son langage des termes et expressions négatifs (par exemple : « Ça me tue », « J'en ai plein le dos », etc.), mais d'éviter aussi tout usage de la parole qui nuise à autrui : médisance, jugement, critique, calomnie, etc. Pourquoi ? Parce que tôt ou tard ces paroles – même dites en toute discrétion – atteignent leur cible puis nous reviennent.

La parole est une énergie : elle ne reste jamais sans effet.

C'est donc un choix qu'il appartient à chacun de faire un jour, de décider d'utiliser sa parole seulement pour le bien. Cela demande toutefois un effort soutenu, comme celui requis pour maîtriser le maniement d'une épée ou d'un sabre. « C'est l'accord le plus important et le plus difficile à honorer », affirme Don Miguel Ruiz, auteur des *Quatre Accords toltèques*, pour qui ce seul accord conclu avec soi-même permet de transcender sa vie actuelle et de connaître le paradis sur terre.

Mon conseil : soyez patiente avec vous-même. *On n'acquiert pas une parole impeccable du jour au lendemain, d'autant que tout nous pousse dans l'autre sens. Rien ne sert donc de se juger si l'on rompt cet accord par mégarde : comme l'enfant qui apprend à marcher et tombe, il suffit de se relever et de recommencer. Avec l'expérience, on perçoit vite les améliorations qu'induit dans notre vie une parole saine : on se sent tellement mieux vis-à-vis de soi-même, et nos relations à autrui gagnent en clarté et en force. La motivation à maintenir cet accord, coûte que coûte, s'en trouve ainsi de plus en plus accrue.*

LES ACCORDS TOLTÈQUES

Selon Miguel Ruiz, nous avons une perception biaisée du monde, de notre rapport aux autres et de nous-mêmes, car nous sommes conditionnés par :

- *notre culture et notre éducation : ce qui est beau ou laid, bon ou mauvais, etc ;*
- *nos projections personnelles : je dois être généreuse, je dois réussir, je dois être discrète…*

C'est à partir de ce constat que le chaman a développé les 4 accords toltèques. Ceux-ci permettent de contrer nos croyances limitantes pour appréhender le monde de façon plus sereine et plus saine.

Accord toltèque n° 1 : « Que votre parole soit impeccable »

La parole, omniprésente dans nos vies, est une arme redoutable, et mal utilisée elle peut créer de nombreux dégâts collatéraux. Si l'on dit à un enfant : « Tu es bête ! Tu ne comprends rien ! », le risque est qu'il perde confiance en lui et qu'il agisse de telle manière qu'il confirme ces affirmations, et il y croira de plus en plus. C'est un cercle vicieux. Adultes, nous devenons nos pires bourreaux : « Je suis trop grosse », « Je ne suis pas intéressante », « Je suis trop petite », etc. Toutes ces pensées ont un effet dévastateur.
Pendant une journée, prenez un carnet avec vous et notez chaque pensée d'auto-jugement négatif que vous avez sur vous-même. Je suis sûre que vous allez en écrire des dizaines. Qu'est-ce qu'elles vous apportent ? Absolument rien de constructif.
Apprenez à être plus indulgente envers vous-même et envers les autres en étant moins critique. Car juger, c'est en quelque sorte agir contre soi-même.

Accord toltèque n° 2 : « Quoi qu'il arrive, n'en faites pas une affaire personnelle »

Cet accord vous apprend à vous détacher de votre « sentiment d'importance personnelle », qui vous amène à penser que le moindre acte est dirigé contre vous. *Car, en réalité, une personne parle ou agit pour elle-même, selon ses propres filtres de décodage du monde extérieur. Ses actes et paroles ne vous concernent pas en propre. Plus vite vous l'intégrerez, plus vite vous serez immunisée et ne souffrirez plus inutilement.*
Quand vous arrivez à vous détacher du regard des autres, vous pouvez prendre vos décisions sans craindre d'être ridicule ou rejetée. Alors, gardez bien en tête que chacun est responsable de ses choix, mais pas de ceux des autres. Il faut donc prendre confiance en soi et en ses décisions, pour ne plus être dépendante des autres.

Accord toltèque n° 3 : « Ne faites pas de suppositions »

À longueur de journée, nous faisons tous des suppositions :
« Mon boss n'a pas répondu à mon mail. Il doit avoir trouvé que mon rapport est nul. »
« Cet homme ne s'intéresse qu'au physique des femmes. »
« Je ne suis pas assez intelligente pour être prise sur ce poste. »
Tous ces exemples ne sont en fait qu'une interprétation d'une situation et en aucun cas la « réalité ». Le problème, c'est ***qu'à force de faire des suppositions, nous finissons par les croire.*** *Et c'est souvent à partir de cela que nous créons des scénarios factices à propos des gens qui nous entourent.*
Et lorsque nous connaissons très bien la personne (ami, famille, partenaire…), nous sommes persuadés que nous n'avons pas besoin de nous exprimer pour qu'elle sache ce que l'on veut ou ce que l'on pense. Évidemment, quand elle ne fait pas ce que nous attendions, nous sommes blessés. Alors même

si vous vous connaissez bien, communiquez toujours avec l'autre, posez-lui des questions et évitez les suppositions.

Accord toltèque nº 4 : « Faites toujours de votre mieux »

Le quatrième accord toltèque vous permet d'échapper au piège de la perfection.
Votre « mieux » n'est pas toujours le même selon les jours, voire les heures. Si vous êtes malade, par exemple, vous ne serez pas en mesure de faire aussi bien que les jours de pleine forme. Donc « faire de votre mieux », c'est donner le meilleur de vous-même en étant concentrée sur le moment et la tâche pour la faire bien. Le plus dur étant de trouver l'équilibre entre vouloir faire plus que ce que vous pouvez (résultat : vous vous épuisez) et choisir de faire le minimum (résultat : vous ne progressez jamais).
***La progression devient optimale lorsque vous faites de votre mieux, ni plus ni moins**, tout en restant indulgente envers vous-même, surtout dans les phases de moins bien. Concrètement, pour faire de votre mieux, passez à l'action et avec plaisir. L'inertie est votre principale ennemie sur la voie du développement personnel.*

→ Les 5 graines de l'optimisme

- Penser solutions/opportunités versus problème ou crise.
- S'entourer de personnes positives, optimistes.
- Fuir la médisance, qui est un poison émotionnel et relationnel. Elle salit, pollue et détruit.
- Penser qu'on a les ressources en soi pour affronter l'existence, avec ses hauts et ses bas, et savoir se dire « ça va aller ».
- Sourire, car pour le cerveau c'est un message de réassurance qui fait baisser notre taux de cortisol, hormone du stress par excellence qui attaque notre système immunitaire et notre santé.

Adopter la bonne posture

Quels sont les codes en vigueur dans votre entreprise, votre secteur ? La question a l'air toute simple, mais combien sommes-nous à nous la poser quand nous entrons en fonction ou quand nous choisissons une entreprise, un secteur d'activité ? Elle est très importante, cette question des codes, car elle va déterminer votre posture, votre comportement, éventuellement sur le long terme.

Notre capacité à comprendre et à interpréter les codes fait partie de ces « soft skills » indispensables à la construction de la carrière professionnelle, qu'on peut traduire par nos compétences issues de notre intelligence émotionnelle et relationnelle ainsi que par nos capacités de communication, notre personnalité et notre habileté interpersonnelle.

Parmi les « soft skills » les plus recherchées, vous trouverez :

— l'autonomie ;
— la capacité d'adaptation ;
— la flexibilité ;
— la créativité ;
— la curiosité ;
— la capacité d'écoute ;
— l'intelligence émotionnelle (empathie, gestion des émotions, motivation...) ;
— l'habileté dans la résolution des problèmes complexes ;
— l'esprit constructif/proactif.

Une fois les codes en main, vous pouvez choisir ceux qui sont en accord avec vos valeurs et ceux que vous choisissez de transgresser. Gardez en mémoire que les transgressions qui fonctionnent sont celles que vous faites à partir de la connaissance et non de l'ignorance.

Je vous donne un exemple personnel. J'ai toujours été très mal à l'aise dans les univers archi-codés, rigides, qui laissent peu de place à la fantaisie et à l'initiative personnelles. Je déteste les uniformes et il m'était impossible d'envisager de travailler dans des univers trop empreints de conformisme avec une chaîne de commande hyper structurée et pesante. J'ai besoin de liberté, d'autonomie et de responsabilités. J'ai donc très naturellement choisi d'opérer sur des marchés, des univers où la créativité, l'originalité, l'autonomie et la proactivité étaient des valeurs essentielles, où je pouvais avoir une liberté d'expression et d'action. Je suis devenue publicitaire. C'est un choix, une décision qui correspondait à ma personnalité.

« La bonne posture, c'est travailler son réseau professionnel… »

Qui doit connaître votre existence professionnelle ? Qui doit vous avoir identifiée pour faciliter votre progression ? Quels sont les relais clés dont vous allez avoir besoin pour conduire votre chemin professionnel ? Le plus tôt vous y travaillez, meilleure sera votre stratégie d'action. Ça a l'air tout simple comme ça. En fait, c'est un travail de fourmi pour identifier tous les relais d'opinion et de pouvoir dont nous pourrions avoir besoin pour progresser sur notre chemin de vie professionnelle, notre carrière. Il y a bien sûr votre réseau direct, mais aussi les cercles secondaires et tertiaires de ce réseau dont vous pouvez avoir besoin à un moment ou à un autre pour aller plus loin, pour rebondir.

« … et son image. »

Posez-vous cette question : « Quelle image est-ce que je veux donner de moi pour réussir à atteindre mon objectif professionnel ? » Et j'entends par image : quelle trace voulez-vous laisser dans votre environnement professionnel ?

“

Votre

IMAGE

est une

DÉCISION,

un point de vue.

”

Soignez votre image à la fois par rapport aux codes de l'entreprise dans laquelle vous opérez, mais aussi du poste que vous visez, de l'univers dans lequel vous intervenez. Vous pouvez choisir de faire un écart si certains codes vous semblent trop rigides, mais pas le grand écart. Et si vous le faites, cet écart doit apparaître comme un point de vue et surtout pas une négligence, une absence de connaissance ou un caprice. Tout, dans nos attitudes, notre style et nos comportements, est points de vue et signes. Tout compte : le choix des mots, du mode relationnel, de la gestion de l'espace... Vous pouvez choisir l'empathie et l'écoute comme mode relationnel ou privilégier la distance et l'autorité si vous estimez que c'est juste par rapport à votre position et à votre univers.

Ne la laissez pas en jachère, d'autres pourraient alors se charger d'en faire une interprétation potentiellement erronée.

Un exemple. La publicité est un univers de liberté créative, y compris dans le style vestimentaire. Nous étions libres de faire comme bon nous semblait jusqu'à un certain niveau hiérarchique. À un moment, les codes induits par la fonction prennent le pas sur ceux du secteur d'activité. Comment composer ? J'ai dû choisir la façon dont j'allais interpréter les codes de ma fonction de dirigeante avec mon goût et mon style vestimentaire. J'ai composé, adapté en fonction de la formalité des occasions sans jamais lâcher mon blond beurre frais peroxydé et mes talons de 12 cm. Et j'en ai fait ma signature et assumé le « blonde torpedo ». Et j'ai aussi fait des concessions quand je savais qu'il était « obligatoire » de se présenter plutôt de telle façon que de telle autre

Vendre une vision de soi et non de son passé

C'est un point essentiel au fur et à mesure que nous prenons de l'âge et de l'expérience. Fuir l'effet rétroviseur et un ancrage trop prégnant dans le passé, votre passé. **Pour se construire une employabilité forte, il est clé de proposer une vision qui vous projette, qui montre que vous aimez demain,** que l'inconnu et la nouveauté ne vous font pas peur.

Pour que la collaboration intergénérationnelle fonctionne, **projetez une vision qui fasse de vous un élément indiscutable de construction du futur,** pluggé sur l'air du temps. Une vision qui valorise votre énergie, qui la mette en avant.

Parce que nous interagissons en effet miroir les uns avec les autres, personne ne veut avoir le sentiment d'appartenir au passé, aussi glorieux soit-il. Cela ne signifie pas que vous devez rejeter ou oublier votre passé, mais que vous devez apprendre à le valoriser sous l'angle de l'expérience qui aide dans la résolution des problèmes complexes. Puisez dans votre expérience de la valeur ajoutée pour l'entreprise aujourd'hui. Et fuyez les phrases du type « avant... », qui créent de la distance et rompent la dynamique de la coopération intergénérationnelle.

À ce titre, les « rôles modèles » peuvent être une source d'inspiration. Choisissez celles ou ceux qui vous inspirent et cherchez à comprendre ce que vous aimez chez ces personnes, comment elles fonctionnent, comment vous pouvez vous en inspirer dans votre propre vie. Et particulièrement les « rôles modèles » qui ont su traverser les époques et se réinventer. Cela peut être des personnalités publiques du monde économique, culturel, des artistes, des entrepreneurs... peu importe, à partir du moment où leur exemple peut vous servir d'inspiration.

Mes exemples parlent de réinvention permanente, de personnalités créatives qui ne laissent jamais tomber, qui vont au bout de leur chemin, quels que soient les croche-pieds sur leur route.

J'adore l'énergie et la présence de Mick Jagger, de Tina Turner, l'acuité et la puissance d'Oprah Winfrey, la fantaisie et la résilience de Roselyne Bachelot, l'optimisme et la joie de mon amie Perla Servan-Schreiber, la résilience et la détermination de Viola Davis, le courage des femmes qui réussissent à s'imposer dans des univers masculins où elles n'étaient pas forcément les bienvenues (armée, espace, technologies, intelligence artificielle…).

Choisissez vos « rôles modèles » et inspirez-vous-en les jours de doute, de questionnement, de désespoir… Faites-en vos alliées virtuelles.

LAURA LESUEUR. ALLER AU BOUT DE SON POTENTIEL.

Elle déménage, Laura. Conférencière, formatrice, autrice, fondatrice du podcast *Legend Ladies*, le premier média dédié à l'ambition féminine, élue par le magazine *Forbes* parmi les 40 femmes les plus influentes en 2022, elle accompagne les femmes dans le déploiement de leur potentiel et est très investie dans l'égalité hommes-femmes.

Pour Laura, tout est possible. Elle défend avec ardeur l'ambition féminine, s'applique à déconstruire les schémas, biais, stéréotypes limitants, qu'ils soient culturels, éducationnels, individuels ou collectifs.

Elle donne des outils aux femmes pour se saisir du sujet de la visibilité, de la valorisation de leurs réalisations professionnelles, du faire savoir, de la confiance en soi. Elle pointe la responsabilisation qui est la nôtre dans l'établissement et la gestion de nos chemins de vie professionnelle. Elle puise son inspiration dans son expérience du terrain dans des univers masculins, très compétitifs, très commerciaux, où il y avait peu de femmes dans les fonctions managériales et de direction. Elle se rend compte combien les « dimensions de carrière, d'ambition, de pouvoir, n'étaient pas simples à intégrer pour les femmes, combien le poids des stéréotypes autour de la réussite, du pouvoir et de l'argent empêchait les femmes d'y penser pour elles ».

Elle décide alors de se lancer dans l'entrepreneuriat afin de promouvoir l'ambition féminine, de montrer que l'ambition peut avoir plusieurs représentations et plusieurs chemins, et que ce n'est pas forcément *Le diable s'habille en Prada*.

Dans ses master classes et ses formations, elle invite les femmes à prendre conscience de l'ampleur de leurs capacités, de l'immensité de leurs potentiels, de la liberté de se définir ou de se redéfinir en suivant leur intuition et leurs désirs. Elle souligne l'importance d'OSER. Oser demander, dénoncer, refuser, acquérir tout ce qui leur semblera utile à leur liberté d'être comme bon leur semble, versus rentrer dans des cases préétablies.

Laura souligne combien l'ambition est un concept difficile à manier et à vivre pour les femmes, tellement les biais culturels sur les femmes et l'argent, les femmes et le pouvoir, sont ancrés profondément dans nos sociétés occidentales. « Être femme, souligne Laura, a une dimension sacrificielle. » Les femmes culpabilisent et doivent encaisser une charge mentale importante, « elles sont souvent ou trop ou pas assez, ce n'est jamais le bon dosage ». La faute au perfectionnisme, véritable poison qui bloque les carrières des femmes. À force de vouloir tout faire parfaitement, on oublie de prendre soin de soi par crainte de se sentir égoïste. Il faut « avoir le courage de déplaire », ajoute Laura. Et c'est à soi-même qu'il faut vouloir plaire. C'est la clé pour être authentique avec les autres.

C'est dit-elle « cette peur de déplaire qui explique que les femmes aient tant de difficultés à parler de leurs réalisations, à oser se mettre en avant, à passer du savoir-faire au faire savoir, à assumer leurs succès. Et en même temps, elles pâtissent de la suspicion autour des femmes qui réussissent, qui gagnent de l'argent et qui ont du pouvoir ».

Mais, souligne Laura, « on est responsable de ses choix ». Les femmes doivent militer chacune dans leur foyer pour une meilleure répartition des tâches, les fameuses 10 heures supplémentaires que les femmes absorbent, pour desserrer la contrainte, rééquilibrer les temps disponibles et récupérer du temps pour leur épanouissement professionnel et personnel. Ce n'est pas de l'égoïsme, c'est de la saine gestion de soi.

Quand j'aborde avec Laura la question parfois délicate de la gestion de l'image de soi dans la sphère professionnelle, elle me répond qu'elle a conscience de sa féminité, qu'elle l'assume, mais qu'elle n'en surjoue pas. « Mon tempérament garçon manqué balance ma féminité. Et quant à la jalousie féminine, je n'ai pas de temps à y consacrer. Je n'ai qu'une vie, et je veux en profiter à fond. Je connais ma valeur et j'ai confiance en moi, j'invite les femmes à vraiment travailler sur leur singularité, leur place, leur socle, pour gagner en confiance en elles », ajoute-t-elle.

Elle conclut en reprenant le conseil que lui a donné son père : « Fais ce que tu veux comme métier, mais fais-le à 200 %, va au bout de ton potentiel. »

→ **Vous pouvez suivre Laura Lesueur sur LinkedIn, Instagram @legend_ladies_podcast, vous abonner à son podcast *Legend Ladies* et adhérer à son cercle de femmes entreprenantes et inspirantes, The Circle.**

CHAPITRE 4

COMMENT PRÉPARER LES ANNÉES À VENIR ?

Quel que soit le moment de votre vie professionnelle, quel que soit votre âge, gardez la main sur votre carrière, ne la laissez pas vous échapper, ne la déléguez surtout à personne, car personne hormis vous-même n'est en mesure de dire ce dont vous avez envie, ce que vous recherchez. Anticipez pour avoir la liberté de choisir votre avenir et ne pas le subir, surtout pour la seconde partie de votre carrière professionnelle après 45 ans.

Anticipez, planifiez, organisez votre chemin professionnel et surtout libérez votre relation au travail. Bien souvent, nous avons le sentiment d'être prises au milieu d'injonctions contradictoires qui nous désorientent. Être compétitive et collaborative, engagée sans trop contrôler, force de proposition et rassurante, diriger en souplesse sans être trop autoritaire… Je suis certaine que cela vous parle.

Pour avoir navigué de nombreuses années dans divers univers professionnels, j'ai acquis la conviction que conduire sa vie professionnelle requiert de suivre quelques grands principes, que je vous propose de passer en revue :

1/ **Penser sa vie comme une entreprise**

2/ **Dépasser la peur de l'échec**

3/ **Changer de regard sur l'échec**

4/ **Muscler son audace au quotidien**

5/ **Apprendre le risque**

6/ **Prendre sa place et assumer son ambition**

7/ **Faire et faire-savoir**

8/ **Anticiper son autonomie financière**

Penser sa vie comme une entreprise

Qu'est-ce que cela signifie ? C'est prendre le parti de se positionner au centre de la dynamique, comme actrice principale de son existence. C'est oser malgré les risques et les peurs, c'est croire en une énergie de création et d'action. C'est parier sur l'avenir et croire en ses potentiels aux différents stades de sa vie professionnelle.

Quand vous appliquez à votre vie une dynamique entrepreneuriale, vous créez les conditions pour mobiliser l'énergie et trouver les ressources nécessaires pour mener à bien les projets que vous avez envie de mettre en œuvre. Vous faites alors le choix d'avoir **un état d'esprit de développement.** Vous faites du travail et de l'expérience un levier de développement personnel puissant.

Qu'est-ce que la dynamique entrepreneuriale appliquée à l'individu ?

À la base de tout projet entrepreneurial, il y a la vision du créateur. Quelle est l'idée-force du projet, quels sont les objectifs de développement, à quel horizon ? Autant de questions à nous poser pour définir notre vision personnelle. Quel est notre projet de développement ? notre expertise ? notre expérience ? nos valeurs ? nos incontournables non négociables ?

Créer sa vision personnelle est le pilier de notre feuille de route personnelle, celle qui va guider nos actions, nous permettre de naviguer par tous les temps, donner corps et souffle à nos ambitions. C'est une étape essentielle, surtout à l'approche du milieu de vie pour préparer la seconde partie de sa vie professionnelle. Le plus tôt vous l'intégrerez, le mieux vous serez en mesure de ne pas subir votre vie professionnelle.

Penser sa vie comme une entreprise, c'est cultiver son agilité, sa résistance et sa résilience pour être en mesure de s'adapter aux changements, faire face aux aléas de la vie et continuer à avancer en direction de sa vision.

C'est aussi développer sa capacité d'automotivation.

Il nous incombe de trouver en nous les ressources à mobiliser pour donner corps à nos ambitions. Personne ne peut le faire à notre place. Cela ne veut pas dire de tout faire toute seule. Se motiver, c'est adopter une démarche de résolution des problèmes, conflits, croche-pieds divers et variés. C'est un état d'esprit, l'automotivation. C'est croire suffisamment en soi pour se donner toutes les chances de faire advenir, créer la vie dont nous avons envie. Et si l'âge a bien un avantage, c'est celui de nous aider à faire le tri, à prioriser l'important, l'essentiel, le non négociable.

Et aller au-delà du syndrome de l'imposteur.

Nous en parlons souvent, de ce doute de soi, de ce sentiment de ne pas être à notre place, de ne pas mériter, de ne pas être capable d'accéder à ce nouveau poste qu'on nous propose, de manquer encore de compétences pour prendre ce nouveau job... Ce syndrome nous place dans l'impossibilité d'évaluer nos aptitudes et compétences de façon réaliste. Il nous incite à attribuer nos réussites à des facteurs externes, par exemple la chance. Il est une illustration puissante de notre peur de ne pas être à la hauteur. Il nous empêche bien souvent, bride notre potentiel et nos rêves. Il est le reflet d'un sentiment d'insécurité qui touche particulièrement les perfectionnistes, qui pensent qu'il leur manque toujours quelque chose, qu'elles ne sont pas assez ou qu'elles ne font pas assez bien, assez grand, assez puissant, assez créatif, original...

C'est le syndrome de la première de la classe, de la bonne élève, couplé à cette croyance que nos réussites sont dues à des circonstances extérieures (la chance, les relations...) et non à notre talent, nos efforts, notre travail.

Apprenons à être plus factuelles et à regarder nos réalisations avec lucidité et clairvoyance. Un bon moyen de le faire est de lister vos accomplissements petits et grands, tenir en fait non pas seulement une « to do list » avec tous les projets ou sujets que vous devez traiter, mais aussi une « did list » de tous les projets que vous avez accomplis. C'est un conseil que donne mon amie Laura Lesueur, conférencière et autrice du podcast *Legend Ladies*. Ce type de liste nous permet de prendre conscience de tous les mini-exploits que nous réalisons au quotidien. Nous avons une capacité à jongler, à traiter plusieurs sujets à la fois, à être efficaces dans de multiples domaines.

Le syndrome de l'imposteur est une pensée limitante dont il est urgent de se défaire, surtout quand on approche de la seconde partie de sa vie professionnelle. C'est le moment idéal pour le faire, car vous avez du rationnel sur lequel vous appuyer pour cela.

Se penser comme une entreprise, c'est réfléchir à comment mettre en pratique cet esprit de développement, d'expansion, de déploiement dans votre quotidien. C'est chercher comment prendre les vagues du changement sur des sujets qui comptent de façon à rester « bankable », dans le coup, en prise avec notre époque. Prenez l'habitude de vous placer dans une position d'ouverture et d'accueil, de curiosité, d'apprentissage.

Ce sont autant d'opportunités de partages intergénérationnels, de coopération, de collaboration, de découvertes et d'enrichissements mutuels. Plus vous chercherez à partager, à comprendre, à découvrir, plus vous vous sentirez incluse, opérationnelle, compétente, et moins vous serez vulnérable à la discrimination de l'âge.

Dépasser la peur de l'échec

La peur de l'échec est une des pensées limitantes les plus puissantes, les plus paralysantes. Elle incite au repli sur soi, sur sa sphère de compétence, sur son expertise, et freine toute sortie en dehors de sa zone de confort, brimant ce faisant des opportunités de déploiement, de diversification, de rebond, de découvertes.

Cette peur est ancrée sur une confusion : ce n'est pas parce que notre projet rate ou a raté par le passé que nous sommes une ratée. Ça n'a même rien à voir. Pourtant, c'est une association que nous faisons aisément et qui nous bloque.

« Avoir raté » et « être une ratée » sont deux choses différentes. L'échec d'un projet n'est pas l'échec de notre personne. C'est l'échec d'une rencontre entre notre projet et notre environnement. Ce n'est pas agréable, mais cela fait partie du cycle de la vie des humains comme des entreprises.

Henry Ford disait : « Se tromper est une opportunité pour recommencer plus intelligemment. » Et je reprends avec plaisir le conseil de Viola Davis, immense actrice notamment connue pour la série *How to Get Away with Murder*, à sa fille : « Tu ne perds jamais. Soit tu gagnes. Soit tu apprends. »

Il importe donc de questionner son échec pour en tirer des leçons profitables au rebond :

— Qu'est-ce que j'ai appris de cet échec ?
— Qu'est-ce que cette aventure m'a apporté ?
— Quelles compétences dois-je développer pour réussir la prochaine fois ?
— Qu'est-ce que je peux changer dans ma façon de faire pour obtenir un meilleur résultat ?
— Comment anticiper ce type de situation à l'avenir ?

Ne sous-estimez pas l'importance de la digestion et de la compréhension de l'échec. La tentation est grande de tourner la page, de soigner sa fierté blessée, son ego en berne et de désigner des coupables. Pas certaine que cela soit la façon la plus intéressante de faire. On apprend davantage de ses échecs que de ses succès. Prenez le temps de l'analyse et du recul.

Je partage avec vous un exemple tiré de ma propre histoire. J'avais un job super dans une agence que j'adorais avec une équipe merveilleuse et j'ai décidé de changer non seulement de job mais aussi, sans bien m'en rendre compte quand j'ai signé, de métier. Sur le papier, je passais d'une agence de pub à une fonction me semblant équivalente chez un annonceur dont l'activité m'intéressait. Et j'étais hyper fière d'avoir négocié mon transfert à la manière d'un joueur de foot en faisant monter les enchères très haut et donc avec un joli pactole à la clé. Ma décision était mue à 80 % par l'argent et le bond de rémunération que ce transfert me permettait. J'ai vite déchanté et appris ce que me coûtait de gagner autant d'argent. Rien dans cette entreprise ne me plaisait, ni le mode de management hyper centralisé alors que j'avais l'habitude d'être 100 % autonome dans ma prise de décision, ni la mentalité et les valeurs de l'entreprise. Je suis restée à peine une année et j'ai fui tellement je m'y sentais mal, pas à ma place. J'ai appris de cet échec que mon *drive*, ce qui me fait me lever le matin, ne pouvait pas être uniquement l'argent. Ce n'était pas ma motivation profonde. À partir de là, j'ai suivi mon intuition et je suis retournée là où je me sentais à ma place, c'est-à-dire en agence. J'ai appris et j'ai tiré des enseignements de cette belle plantade.

Bien souvent, ce qui nous fait peur se loge dans l'avenir, car lié à l'incertitude qui nous pétrifie. Plus vite on apprend à être à l'aise avec l'incertitude, plus on s'autorise à être audacieuse, à oser.

Changer de regard sur l'échec

L'échec n'est pas un résultat, c'est une étape, une transition vers un autre état. Pour le vivre ainsi, il est nécessaire de changer de regard sur l'échec, de le distinguer de notre personne. **Nous ne sommes pas notre échec, nous connaissons un échec. L'échec est un évènement, pas un trait de personnalité,** il n'est pas constitutif de notre identité. S'identifier à son échec, c'est se dévaloriser jusqu'à se laisser gagner par le sentiment de honte ou d'humiliation.

→ L'ÉCHEC FAIT MAL

Et ce pour une raison assez simple, à savoir qu'il vient fissurer notre image sociale, questionner l'idée que nous nous faisons de nous-mêmes. Soudain, nous perdons nos repères. C'est déstabilisant et douloureux. C'est la raison pour laquelle il est nécessaire de faire le travail de digestion de cet échec et de surtout ne pas le glisser sous le tapis pour l'oublier au plus vite. Ce serait dommage de ne pas en tirer des enseignements et éviter ainsi de reproduire les mêmes erreurs.

> ***Car l'échec est une formation aux réussites futures.***

C'est une porte d'entrée, un apprentissage. Quand vous regardez les réussites des personnes que vous admirez, vous vous rendez compte que derrière chaque réussite se cachent de nombreux moments de doutes, de sacrifices, de rejets, de labeur, de discipline...

Je ne résiste pas au plaisir d'en partager certains avec vous :

— Steven Spielberg s'est vu refuser 3 fois l'entrée dans une école de cinéma.

— Steve Jobs s'est fait virer d'Apple avant d'y revenir triomphalement en 1997 et d'en faire le succès que l'on connaît aujourd'hui.

— Soichiro Honda a créé sa propre entreprise après s'être heurté à de nombreux refus d'embauche au poste d'ingénieur.

— J. K. Rowling, autrice de la série *Harry Potter* et mère célibataire, a vécu dans la pauvreté avant de connaître un immense succès avec sa saga, refusée par de nombreux éditeurs.

— Nadia Nadim est née en Afghanistan, qu'elle a fui avec sa mère à l'âge de 11 ans après que son père a été assassiné par les talibans. Elle découvre le football dans un camp de réfugiés au Danemark. Elle deviendra joueuse professionnelle au Danemark, aux États-Unis, à Manchester et au PSG en parallèle d'une belle carrière internationale avec son pays d'adoption. Elle est aussi médecin et prépare une spécialisation en chirurgie.

→ QUELLE EST LA CLÉ DE LEUR SUCCÈS ?

Ils ont décidé de s'engager vraiment. Ils ont donné de leur personne pour réussir leur rêve. Ils ont fait confiance à leur instinct, à leur vision. Ils ont refusé d'écouter les cassandres leur expliquant que « ce n'est pas possible », de rester à la place qu'on voulait leur assigner. L'engagement est fondamental. Il autorise la persévérance, la résistance, il permet de corriger le tir quand c'est nécessaire, de persévérer même en haute mer.

→ AYEZ LA NIAQUE ET SOYEZ TENACE !

Si vous voulez pouvoir naviguer par tous les temps sur les mers même les plus hostiles, vous ne pouvez pas vous contenter d'avoir envie, de vouloir. Vous devez vous engager à fond et être convaincue que le chemin que vous prenez est le bon pour vous quoi que disent « les autres ». Engagement et ténacité sont vos alliés du succès à tous les âges.

Derrière chaque prise de risque, il y a l'acceptation de la possibilité d'échouer. L'audace ne nous délivre pas de la peur, mais elle nous donne la force d'agir malgré elle. L'audacieuse a le sens du risque. Elle cherche à le réduire au minimum, mais elle sait prendre la part de risque qui demeure. Elle tente sa chance en connaissance de cause.

C'est une qualité, une disposition d'esprit fondamentale pour gérer avec efficacité sa carrière et son ambition.

→ COMMENT APPRENDRE À OSER ?

Car oui, ça s'apprend. On ne naît pas en sachant oser. On apprend à le faire. C'est un travail qui demande de la rigueur et de la discipline. Il faut répéter et répéter encore pour s'autoriser à sortir de la répétition. Faire

“

OSER,

c’est **avoir** le

COURAGE

de **prendre**

une **décision.**

”

le pas de plus, de côté, celui qui va faire la différence et vous donner ce quelque chose en plus dans votre vie professionnelle, demande de l'expérience. C'est en augmentant vos compétences, en maîtrisant votre zone de confort, que vous oserez en sortir et faire ce pas de plus. Pensez aux athlètes de haut niveau, c'est grâce à leur entraînement qu'ils acquièrent la maîtrise de leur jeu et qu'ensuite ils peuvent tenter des figures audacieuses.

Oubliez le perfectionnisme, c'est le pire ennemi de l'audace. **Cherchez le perfectionnement permanent** plutôt que de vous crisper sur la recherche de perfection. Elle est illusoire, cette perfection. C'est un poison qui paralyse et qui empêche le mouvement. Le perfectionnement est bien plus intéressant, car en essayant continuellement, on finit par réussir. C'est la démarche des scientifiques, des chercheurs, des sportifs de haut niveau. La recherche de perfectionnement. Elle fonctionne dans tous les domaines d'activité.

Elle vous évite, cette méthode du perfectionnement permanent, de vous enfermer dans une image figée de vous-même. Vous n'êtes ni définie par vos échecs ni réduite à vos succès. Vous êtes en évolution permanente et ce faisant vous évitez la case « périmée », vous restez « bankable ».

Muscler son audace au quotidien

L'audace est un résultat, une conquête, un muscle à entretenir. On ne naît pas audacieux, on le devient. Elle a un prérequis qui est la compétence. Sans elle, on ne peut la dépasser et se découvrir capable d'audace. C'est parce que nous sommes compétentes dans un secteur, sur une fonction, que nous pouvons envisager de la dépasser et nous autoriser l'audace de le faire. L'audace n'est pas une chute libre dans le vide sans parachute.

→ L'AUDACE EST UN MUSCLE

Plus on la sollicite, plus elle se développe. Travailler son audace, c'est commencer par identifier toutes nos pensées limitantes qui nous freinent au quotidien. Une pensée limitante est une idée fausse que l'on se fait sur nous-mêmes et qui nous freine dans notre progression, notre développement personnel. Ce sont ces petites phrases que « Mental FM » nous serine toute la journée : « Tu ne réussiras jamais cela », « tu n'es pas capable de... », « je n'ai pas suffisamment d'expérience pour... », « je ne suis pas assez intelligente, extravertie... » Nous avons chacune les nôtres et elles fluctuent selon les sujets, les défis, les engagements à prendre, les situations.

Par exemple, pendant des années, j'étais convaincue d'être timide et je me suis rendu compte qu'en fait cette timidité supposée était ancrée dans mon sentiment de ne pas avoir de place, de ne pas avoir de vraie valeur, que finalement j'étais moyenne et donc que je n'avais pas à me mettre en avant. Ma pensée limitante, la timidité, était l'expression d'un problème plus profond de place et d'estime de moi. Un travail sur moi de fond avec un thérapeute m'a permis de me libérer de cette peur de n'avoir pas de place, de renforcer mon estime de moi, et m'a ouvert les portes de l'audace, de l'action et de la confiance en moi. J'ai réussi à me débarrasser de l'idée que je n'étais pas assez intéressante, intelligente...

→ COMMENT SURMONTER SES PENSÉES LIMITANTES ?

D'abord en les identifiant, en les repérant, en les notant de façon à pouvoir en vérifier l'exactitude. D'où viennent-elles ? Quelles sont leurs origines ? Est-ce que leur source est fiable ? Quelles sont les preuves qui peuvent les étayer, les valider ou les infirmer ? C'est un travail difficile mais passionnant à faire, car il va vous permettre de vous en libérer, de vous en alléger. Car ces croyances limitantes ont un coût, celui de nous éloigner de notre potentiel, de nous rendre la vie plus difficile. Nos pensées sont à l'origine de nos actions et rendez-vous compte que dans 90 % des cas nos décisions ne sont pas rationnelles, mais issues de nos émotions elles-mêmes générées par nos pensées !

La boucle de rétroaction est assez simple :

— Les circonstances suscitent nos pensées...
— ... qui génèrent des émotions...
— ... qui motivent nos actions...
— ... et qui engendrent des résultats.

Je vous propose 4 clés pour muscler votre audace au quotidien :

1 Visualisez-vous en position de succès, car quand on peut voir quelque chose, alors le cerveau peut le croire. **Ce qui ne se voit pas n'existe pas.** Je sais que cela peut paraître un peu simple, voire simplet, mais je vous assure que ça marche. Le cerveau ne fait pas de différence entre ce qui est réel et ce qui ne l'est pas. Il croit ce qu'il peut voir. Faites l'essai, prenez un moment pour vous asseoir dans un endroit à vous tranquille, fermez les yeux et visualisez les réussites que vous souhaitez voir advenir (promotion, augmentation, nouveau job, voyage...).

2 Revenez à votre colonne vertébrale professionnelle : le pourquoi de vos actions.

3 Entourez-vous de la bonne équipe, de personnes positives, qui osent sortir de leur zone de confort et qui vous aideront à avoir confiance en vous, à oser.

4 Sortez régulièrement de votre zone de confort : c'est en osant qu'on devient légitime, qu'on s'autorise l'audace. Entraînez-vous fréquemment à aller vers des projets nouveaux, à appréhender des situations diverses et nouvelles. En un mot, entraînez votre audace.

Parce que finalement, qu'est-ce que l'audace, si ce n'est l'alliance de la pensée et de l'action ? L'action libère de la peur et crée les conditions de la chance.

> ***L'audace est un PARI et donc un RISQUE.***

Apprendre le risque

Le risque s'apprend, c'est une compétence qui n'est pas innée, mais acquise tout au long de notre vie. On craint ce qu'on ne connaît pas, ce qui rompt ou change nos habitudes. Il faut donc apprendre à mesurer et à évaluer le risque avec ses conséquences et ses engagements. Et on devrait le faire dès l'enfance.

Mais **le risque et son apprentissage sont genrés,** et ce depuis l'enfance. Comment voulez-vous que les petites filles en robe apprennent à grimper aux arbres ? Pourquoi les mères conseillent-elles à leur petit garçon de sauter au-dessus de la flaque d'eau et à la petite fille de la contourner ? Non, ce n'est pas anecdotique. Ce sont ces petits détails de notre éducation qui forgent notre appréhension du risque. Petite, on me traitait de « garçon manqué » parce que dans la cour d'école je jouais au foot avec les garçons, que je n'aimais pas les robes et préférais les pantalons, plus confortables pour courir et marquer des buts. Résultat, je sais prendre des risques, je suis à l'aise avec le risque.

→ QU'EST-CE QUE LE RISQUE ?

C'est avant tout une prise de décision sans avoir toutes les informations ni tous les tenants et aboutissants. Cela veut dire s'autoriser à penser par soi-même, savoir analyser les situations dans un contexte d'informations incomplètes, se faire confiance et accepter le déséquilibre en sortant de sa zone de confort.

Clairement, changer de job, de fonction, est une prise de risque ; accepter de faire une conférence dans une langue étrangère devant un parterre d'inconnus en est une autre. Le risque ne se confond pas avec le danger. Le risque se mesure, se calcule, se prévoit en termes de retombées et de conséquences.

→ 4 AXES D'APPRENTISSAGE DU RISQUE

1 Accroître sa compétence.

Plus vous maîtriserez votre zone de confort, plus vous serez à l'aise dans ce que vous faites, plus vous serez à l'aise pour vous autoriser à en sortir, à faire le pas de côté. Plus notre expérience est grande, plus on s'en affranchit et on ose faire confiance à son intuition. Il faut être compétente pour dépasser sa compétence et se découvrir capable d'audace.

2 Admirer l'audace des autres.

S'inspirer de la singularité d'autrui peut se révéler une aide puissante. Je crois profondément à la force des « rôles modèles », ces personnalités qui ouvrent des chemins et sont source d'inspiration. Elles ne sont pas forcément des personnalités publiques au sens de stars et peuvent venir d'horizons très différents. Elles peuvent aussi varier en fonction des époques et des moments de votre vie professionnelle.

3 Fuir le perfectionnisme.

La perfection est une illusion et un poison qui enferme dans l'insatisfaction chronique et peut freiner le développement de votre potentiel. À force d'attendre que tout soit parfait, on finit par rater des opportunités en ne se croyant faussement pas prête. Le perfectionnement, lui, vient en marchant. Plus on essaye, plus on se donne d'opportunités de réussir.

4 Se souvenir que l'échec sans audace est particulièrement douloureux.

Perdre sans avoir rien tenté est encore plus difficile. Non seulement vous culpabilisez de votre manque d'audace, mais vous sapez votre confiance en vous. Gardez en mémoire que la confiance en soi se nourrit de nos actions, de nos réalisations, réussies ou non. L'inaction se traduit par de la stagnation, voire de la régression.

Apprendre à oser, c'est apprendre à ne pas tout oser, à oser quand il le faut, lorsque les nécessités de l'action exigent ce saut au-delà de ce que nous savons. J'adore ce conseil de Charles Pépin dans son ouvrage, dont je vous recommande la lecture, *Les vertus de l'échec* (édition Pocket).

L'audace est un outil précieux pour mener à bien son ambition professionnelle et trouver sa place.

Prendre sa place et assumer son ambition

L'ambition féminine n'a pas vraiment une bonne image et suscite souvent des commentaires négatifs ancrés sur des stéréotypes qui ont la vie dure. Ne nous laissons pas influencer et revendiquons cette ambition à partir du moment où elle est la nôtre, où elle nous autorise à demander la place qui est la nôtre, celle que nous souhaitons prendre. Elle est centrale, cette question de la place que l'on veut occuper dans sa vie professionnelle, car elle va définir la direction dans laquelle aller et les chemins pour y arriver.

Prendre sa place, assumer son ambition sans aucune gêne ni culpabilité, requiert des qualités qu'il faut avoir à l'esprit et développer si certaines vous font défaut.

L'ambition au sens de la progression, ça sous-entend :

- Avoir des convictions.
- Faire preuve de discipline, d'anticipation, de constance, de persévérance.
- Montrer de la curiosité, de l'empathie, de l'audace.
- Être rigoureuse.
- Savoir prendre des risques.

C'est aussi savoir réussir ses succès, car les succès sont des occasions importantes d'en apprendre sur soi, de se réinventer. Tout en conservant une certaine humilité pour éviter de se réduire à ses succès, car alors ils peuvent devenir étouffants et vous enfermer dans une image de vous ou dans une idée. J'aime considérer les succès comme des invitations à persévérer dans l'audace, à progresser, à continuer à me perfectionner, à apprendre davantage, à développer ma curiosité. Bien digérés, ils peuvent être des tremplins de déploiement et de développement personnel.

Méfiez-vous de tous celles et ceux qui ont tendance à vous réduire à vos succès. Vous risquez de vous isoler et de vous couper de votre créativité ou de votre inspiration. On fête ses succès, on les honore et on les revendique en assumant qu'ils sont le résultat de notre travail, et on passe à autre chose, on les utilise pour rebondir.

J'ai eu la chance pendant toutes mes années chez Publicis d'avoir un président absolument génial à qui je rends régulièrement hommage, Maurice Lévy, car il m'a toujours donné des missions qui me faisaient grandir, progresser, me prouvaient que j'étais capable de gérer tout un tas de situations et de problèmes complexes qui consolidaient ma confiance en moi, et renforçaient encore plus ma détermination et mon implication. Quand nous fêtions un succès, juste après les félicitations, il ne manquait jamais de me dire : « N'oubliez pas, aujourd'hui vous avez réussi à arriver sur la première marche de l'escalier qui est infini. » Cette invitation à l'humilité est salvatrice, elle empêche la grosse tête et permet de conserver sa lucidité. Mille mercis à lui pour sa confiance si souvent renouvelée.

Faire et faire savoir

Là, on touche à un sujet essentiel pour nous les femmes sur lequel nous péchons collectivement assez fréquemment. Oser mettre en valeur son travail, ses succès, ses initiatives, sans immédiatement remercier quelqu'un d'autre que soi. Oui, le syndrome de l'imposteur n'est jamais loin, il est souvent tapi dans l'ombre, attendant son heure pour se manifester. N'ayez pas peur de mettre en avant vos réalisations. Ce n'est pas de la vantardise ni du narcissisme.

Non, nous ne « faisons pas notre intéressante », nous assumons juste le fruit de notre engagement et de notre travail. Mais cette phrase que des milliers de petites filles ont entendue et intégrée, « faire son intéressante », continue de nourrir notre peur de ne pas mériter la lumière. C'est une pensée limitante forte, car héritée de notre éducation collective. À nous de la déconstruire et d'assimiler que le faire savoir est tout aussi important et légitime que le faire et le savoir-faire. C'est un état d'esprit qu'il faut développer le plus tôt possible dans sa vie professionnelle, une posture qui s'apprend, se travaille, se cultive au fil de nos expériences.

S'approprier ce que nous faisons et valoriser notre valeur ajoutée pour creuser le sillon de notre expertise dans notre entreprise est parfaitement légitime. Nos collègues masculins n'hésitent pas à le faire et à utiliser la moindre opportunité de le faire.

Plus nous prendrons notre sujet à bras-le-corps, plus nous serons une experte reconnue. Et cette reconnaissance-là est clé pour construire votre employabilité sur le long terme et vous maintenir dans les collaboratrices qui comptent quel que soit votre âge.

On construit sa solidité et sa stature par le faire et le faire savoir. Vous devez apprendre à revendiquer votre valeur, savoir la mettre en lumière et la vendre. « Vous devez devenir la meilleure ambassadrice de vous-même », vous soufflerait à l'oreille mon amie Laura Lesueur, fondatrice de *Legend Ladies* et ardente défenseuse de l'ambition féminine. Car bien souvent, la première personne à convaincre de notre valeur, de la légitimité de notre place, c'est nous-même. Alors, n'attendez pas la reconnaissance de l'extérieur, des autres, donnez-la-vous et vous verrez qu'ensuite les autres tout naturellement feront de même.

Il y a un mantra que j'utilise quotidiennement et qui vise à renforcer notre socle intérieur : « J'existe, je compte, je me reconnais, on me reconnaît, je mérite de réussir. » Je le répète au calme dans ma tête ou à voix haute chaque fois que je me sens vulnérable ou en proie aux doutes quant à ma place, ma valeur, ma légitimité. Essayez, vous verrez que si vous le faites tous les jours en conscience de la force énergétique des mots, vous vous sentirez plus forte, à votre place, en confiance.

→ COMMENT TRAVAILLER SA RECONNAISSANCE ?

Comment revendiquer sa place ? Occuper la table, comme aiment à le souligner les Anglo-Saxons ? Comment trouver sa juste place, celle qui nous permet d'être en harmonie avec nous-mêmes et avec les autres ? Comment parler de soi en mettant en avant ses réalisations sans s'excuser ou invoquer toute autre chose que son travail, sa ténacité, son endurance ?

Le « cercle d'or », que j'ai déjà évoqué, est une méthode très efficace pour parler de soi, mettre en lumière ses actions et valoriser sa singularité, en un mot pour affiner son positionnement, son « personal branding ». Elle est importante, cette reconnaissance de notre valeur, car elle influe sur notre comportement.

→ COMMENT SE COMPORTE UNE PERSONNE QUI EST CERTAINE DE SA VALEUR ?

Elle est sereine, tournée vers les autres, empathique, elle dégage de l'assurance et elle inspire confiance. Elle n'a aucune agressivité, car elle ne se sent pas menacée et n'est pas dirigée par ses peurs. Elle puise dans la reconnaissance de sa valeur le courage et l'audace de construire son chemin en conscience d'elle-même, de ses désirs, valeurs et motivations. En ayant refusé de déléguer la reconnaissance de sa valeur à l'extérieur d'elle-même, elle a créé les conditions de sa liberté et de son indépendance, elle n'est pas sous la coupe des jugements d'autrui, du regard des autres.

→ ÉLARGISSEZ « VOTRE COULOIR DE NAGE »

Prenez les devants pour proposer, vous exposer, vous positionner sur des missions sans attendre que quelqu'un vous le suggère. Soyez force de proposition en vous positionnant sur les sujets transversaux qui amplifieront votre visibilité interne et externe en vous amenant à travailler en dehors de votre équipe habituelle, soyez un catalyseur du changement.

Allez à la rencontre des autres dans votre entreprise, autorisez-vous les « small talks », ces discussions informelles qui créent du lien et de la visibilité. Profitez de ces moments pour communiquer de façon positive sur vous. Je sais que ce n'est pas facile, mais c'est utile. Au début, il faut se forcer un peu, le voir comme un exercice indispensable, et au fur et à mesure qu'on se familiarise avec l'outil, on l'apprécie et on en joue.

Acceptez toutes les sollicitations pour accroître votre visibilité et vous faire connaître dans votre écosystème professionnel : tables rondes, conférences, interviews, publications d'articles...

Développez votre curiosité en vous intéressant à des sujets et à des personnes connexes à votre univers professionnel qui peuvent nourrir votre curiosité, vous informer sur d'autres univers professionnels, d'autres métiers...

Utilisez les réseaux sociaux pour créer du lien, partager sur des thématiques liées à votre expertise qui vous permettront de nouer des relations, d'échanger des bonnes pratiques, de l'information, d'élargir votre réseau. Soyez une passeuse de confiance.

Anticiper son autonomie financière

L'argent est un outil de notre liberté, de notre émancipation. Il nous donne l'espace nécessaire pour penser notre avenir et non le subir. L'autonomie financière est capitale, indispensable pour conserver sa liberté de choix. Comment être libre de bifurquer ou de changer d'activité si on n'a pas de marge de manœuvre financière ? Consolider son assise financière est clé pour se donner de la liberté de mouvement. Ça veut dire qu'au-delà de son salaire, il faut apprendre à investir son argent, car nos revenus ne se limitent pas à notre salaire. Nous n'avons pas forcément le réflexe d'allouer une partie de notre salaire à de l'investissement et c'est une erreur que nous risquons de découvrir à nos dépens.

Investir n'est pas un gros mot ni une activité masculine.

Avez-vous entendu parler de la magie des intérêts composés ?

Je vous avoue que moi non, avant d'avoir participé en ligne à une master class sur le sujet de l'autonomie financière. Quand vous placez de l'argent, vous touchez des intérêts sur l'argent que vous placez, mais aussi, plus tard, sur les intérêts que vous avez accumulés en plaçant votre argent. Les intérêts perçus chaque année s'ajoutent au capital et grossissent la base de calcul des intérêts de l'année suivante.

C'est la raison pour laquelle il est important d'apprendre à investir dès que possible, même des petites sommes. Même si cela ne nous est pas naturel, notre autonomie financière passe par la compréhension que les revenus se composent du salaire et des investissements. Nous devons apprendre à changer notre rapport à l'argent, à acquérir de nouveaux réflexes.

Et aussi à avoir une répartition plus équitable des dépenses dans le couple.

Les chiffres sont parlants :

— Si l'Insee constate une (lente) décrue des inégalités de revenus entre femmes et hommes, il n'en demeure pas moins qu'au global, tous temps de travail confondus, les femmes touchent 24,4 % de moins que les hommes. Elles travaillent en effet plus souvent à temps partiel (plus d'une femme sur 4 est en temps partiel pour un peu moins d'un homme sur 10) et dans des métiers moins bien rémunérés que les hommes.

— Si l'on regarde non plus du côté des flux (les revenus), mais du côté du stock (c'est-à-dire du patrimoine), les écarts sont également importants. Pire : ils s'accentuent et ont quasiment doublé en un peu moins de vingt ans, passant de 9 % en 1998 à 16 % en 2015 : en moyenne les hommes ont un patrimoine qui a augmenté plus vite que celui des femmes.

Mon conseil :
faites un bilan financier global (revenus, charges, remboursements d'emprunts, financement de votre retraite...) avec un professionnel pour prévenir les situations de précarité financière face aux aléas de la vie. C'est un sujet qu'il est préférable d'éviter de déléguer à son conjoint ou conjointe. Idem pour ce qui concerne les déclarations d'impôts, les emprunts, les discussions avec les banquiers... Ne déléguez pas, soyez partie prenante.

CONNAISSEZ-VOUS LA THÉORIE ***du pot de yaourt ?***

C'est une analyse intéressante, menée par la journaliste et essayiste Titiou Lecoq, des inégalités de répartition des dépenses dans le couple qui se traduisent par un déséquilibre dans la constitution du patrimoine. Les femmes ont tendance à financer les charges du quotidien, dont les dépenses alimentaires (les yaourts), tandis que les hommes financent plus souvent le patrimoine et les dépenses importantes et structurantes (voiture, appartement...). En cas de séparation, les femmes sont les grandes perdantes et peuvent se retrouver dans des situations délicates. En effet, le gros salaire (en général l'homme) conserve le patrimoine accumulé (maison, voiture...) et le petit salaire (la femme) repart avec les pots de yaourt... vides.

Apprendre à être à l'aise avec ses finances, à comprendre quels sont les leviers d'action et marges de manœuvre, nous donne une liberté de choix. Et comme nous avons le droit d'être ignorantes sur certains sujets, nous pouvons nous faire accompagner par des professionnels qui sauront nous conseiller au mieux de nos intérêts.

→ S'ENTRAÎNER À LA NÉGOCIATION

Apprendre à parler d'argent, c'est essentiel pour construire son indépendance, son autonomie, sa liberté de décision. Nous ne sommes pas éduquées en ce sens, ce qui se traduit souvent par une attitude passive quand viennent les questions d'argent, car nous nous sentons mal à l'aise. Nous attendons que soient reconnues nos performances, ce qui est rarement le mode de fonctionnement des entreprises. Nous n'osons pas demander d'augmentation de salaire, de révision de notre package financier au fur et à mesure de nos succès. Gagner de l'argent n'est ni honteux ni une faveur de l'entreprise. C'est un échange entre vous et une entreprise.

Souvent, nous nous autocensurons par manque de reconnaissance envers nous-mêmes. Nous avons tendance à nous sous-estimer. Et nous manquons de « rôles modèles » auxquels nous référer. Nous avons besoin de pouvoir nous inspirer de femmes qui nous ressemblent, qui connaissent des situations, parcours, obstacles, opportunités identiques aux nôtres.

Parler d'argent s'apprend, négocier aussi. N'ayez pas peur de demander une formation sur ces sujets financiers. On peut aussi imaginer des programmes de mentorat où les femmes plus expérimentées en matière financière peuvent guider et aider celles qui se sentent moins à l'aise. Là encore, il est utile de lutter contre les stéréotypes de genre en sensibilisant les employeurs et les collègues aux préjugés inconscients liés au genre dans les discussions sur l'argent et la rémunération au sens large. Il est temps de promouvoir une culture d'entreprise où les femmes se sentent valorisées et écoutées quand elles abordent des questions financières. Et si vous ne vous sentez pas à l'aise sur ces sujets, formez-vous.

Cela fait partie de ces « soft skills » si importantes à acquérir dont nous allons parler au chapitre suivant.

Un peu de vécu personnel...

Quand je me suis retrouvée à la tête de ma *business-unit* « mode, beauté, luxe » que j'avais créée chez Publicis, je passais beaucoup de temps avec le directeur financier sur le business plan, les recrutements, les analyses de rentabilité... des sujets où je sentais mes fragilités. Or ces décisions étaient super importantes, car elles dictaient la taille de mes équipes et la qualité des profils que je pouvais recruter. Dans une activité de service telle que la publicité, le capital humain est la clé du succès. Soit vous avez la marge de manœuvre financière pour recruter les meilleures équipes et vous performez sur le marché, soit vous ne l'avez pas et vous vivotez. Plutôt que de me laisser diriger par le DAF sans vraiment de latitude pour le contrecarrer, j'ai décidé de prendre le taureau par les cornes et je suis allée faire une formation intitulée « Finances pour non-financiers ». Une semaine de cours intensifs 8 heures par jour avec un examen à la fin. Non seulement j'ai eu mon diplôme, mais ensuite les réunions avec mon DAF ont pris une autre tournure et je me sentais beaucoup plus en confiance pour défendre mes choix, mes arbitrages. Résultat, j'ai pu recruter les équipes que je souhaitais et créer une agence référente dans le secteur toujours aussi vigoureuse aujourd'hui.

CAROLINE SARROT-LECARPENTIER. RESTEZ ÉVEILLÉE.

Caroline est spécialiste des dynamiques intergénérationnelles en entreprise. Médiatrice, consultante et conférencière, elle a fait de l'inclusion intergénérationnelle son combat. Elle est convaincue que le dialogue entre générations, « entre décennies », précise-t-elle, permettra aux entreprises de gagner en compétence, en performance et en résilience, et ainsi de s'adapter à la nouvelle dynamique démographique. En 2030, les seniors, personnes de 55 ans et plus, représenteront 30 % de la population active. Les entreprises vont devoir s'adapter à cette nouvelle donne et apprendre à travailler avec des gens plus âgés pour garder leur compétitivité et développer, en plus de leur rôle commercial, un rôle social, sociétal. Nous allons tous et toutes devoir travailler plus longtemps et plus tard.

Comment le faire sur un marché du travail où à partir de 45 ans, l'âge est perçu comme un handicap ?

La réponse s'articule autour de la coresponsabilité des entreprises et des individus. Si l'entreprise se doit de faire fructifier son capital humain, le former, le développer, les collaborateurs ont la charge d'anticiper et de planifier leur parcours professionnel en se formant et en ayant toujours un train d'avance sur les changements de leurs métiers et/ou activités. Rien de plus dangereux que de rester passif à sa place, de faire son métier sans réfléchir aux inflexions en cours du fait de la technologie, des réseaux sociaux, de la rapidité de diffusion des informations, des changements du marché, de la dimension et de l'exécution des projets...

ANTICIPER SON EMPLOYABILITÉ, c'est avoir toujours un pied dedans et un pied en dehors de son entreprise. C'est investir et prendre soin de sa carrière en se formant de façon continue. Les métiers changent, se redimensionnent continuellement : si on n'anticipe pas les changements, on se retrouve dépassé. Il est capital de savoir sentir quand son métier évolue et de faire les mises à jour nécessaires pour être proactif sur son parcours et non pas dépendant de son entreprise. Chacun doit rester maître de sa carrière et ne pas la déléguer au bon vouloir de son manager. « Idéalement, on devrait apprendre un autre métier que le sien en parallèle de façon à pouvoir se retourner le jour où on nous montre la sortie », suggère Caroline.

Ce n'est pas facile, car la performance que nous devons avoir dans nos entreprises nous happe complètement. Nous sommes focalisées sur nos objectifs, nos KPIs. Nous sommes entièrement tournées vers le succès de notre projet, de notre entreprise. Et nous dans tout ça ? Force est de constater que nous n'avons plus le temps ni l'espace pour penser à notre développement personnel. Or passé 45 ans, les entreprises ne nous incluent que très rarement dans les programmes de formation, réservés aux hauts potentiels généralement âgés de 30 à 35 ans. Résultat, on s'éteint dans les entreprises qui ne favorisent pas le développement des 45+, les fameux seniors.

Il faut donc RESTER ÉVEILLÉE sur soi et les autres, sur le monde qui nous entoure. Au bout d'un moment, l'entreprise, en tant qu'écosystème, projette sur nous des stéréotypes : les seniors sont réfractaires au changement, incapables d'innover... Du coup, par excès de jeunisme, les seniors se retrouvent exclus des programmes d'innovation. Finalement, à force de se sentir moins reconnues, moins désirées, moins appréciées, on s'auto-exclut et on commence à douter de sa place, de sa valeur. On perd confiance en soi.

INSPIRATIONS

L'âgisme est insidieux et il impacte la performance des entreprises.

La solution passe par LA COOPÉRATION INTERGÉNÉRATIONNELLE. C'est une ressource formidable de faire collaborer et dialoguer des personnes d'âges et d'horizons différents. Mixer les générations, c'est l'occasion de mutualiser l'audace, de croiser les cultures d'entreprise et les expériences de terrain, les technologies, les années de vie. Pour que l'intergénérationnel fonctionne, il faut réussir à passer outre les biais de l'âgisme, faire attention à son vocabulaire, à son attitude et valoriser l'expérience accumulée des seniors et les points de vue des jeunes. Les seniors sont en général ouverts à partager leurs connaissances, leurs expériences à partir du moment où ils se sentent valorisés, reconnus. Il est crucial de faire changer le regard sur les talents expérimentés, de reconnaître qu'ils peuvent tout autant innover dès lors qu'ils sont stimulés et nourris par les générations plus jeunes. « Dans mes prises de parole, ajoute Caroline, j'incite les entreprises à donner de la visibilité, de la valeur aux seniors. Ils ont besoin que soient valorisés leurs acquis et d'être rendus visibles auprès des jeunes. »

Faisons de l'âge un sujet de diversité et d'inclusion. Incitons les entreprises à s'interroger sur la gestion de la longévité de leurs collaborateurs : « Comment tirer le meilleur de chacun, quel que soit son âge ? Comment faire fructifier les âges ensemble pour faire apparaître quelque chose qui n'existe pas encore ? », interroge Caroline. Ce sont des points essentiels pour être en cohérence avec le recul de l'âge de départ à la retraite et une démographie où les seniors vont être surreprésentés. « Quels jobs leur donner ? Qu'est-ce qu'on leur offre comme perspectives ? » sont parmi les questions clés sur lesquelles les entreprises vont devoir s'engager.

→ **Vous pouvez suivre Caroline sur LinkedIn.**

CHAPITRE 5

ACCROÎTRE SA VISIBILITÉ

L'âge est la dernière discrimination assumée et banalisée. Il tient à nous de nous rebeller contre l'âgisme ordinaire qui transforme en problème les personnes de 45+ au lieu de nous voir comme un gisement d'énergie, de compétences et d'expertises qui nous rendent à la fois super opérationnelles, super engagées et aptes à piloter les situations complexes.

Comment refuser cette discrimination de l'âge et accroître notre visibilité ? Comment trouver notre voix et exprimer notre puissance ? Comment l'âge et l'expérience peuvent-ils nous rendre plus fortes et plus audacieuses ? Comment briser les tabous de l'âge et créer notre propre succès ? Comment faire des règles du jeu économique des alliées pour continuer à exprimer notre potentiel et ouvrir des possibles ?

Il est important de comprendre la nécessité d'intégrer dans sa stratégie personnelle une subtile alliance de « hard skills », nos compétences professionnelles que l'on acquiert au cours de formations, de nos expériences professionnelles et qui sont souvent une condition sine qua non à l'exercice d'un poste, et de « soft skills », qui correspondent à des qualités humaines, relationnelles, émotionnelles et des comportements propres à chacun, qui s'acquièrent par l'éducation, l'expérience de vie, et plus rarement sur les bancs de l'école.

Sans être exhaustive, parmi les « soft skills » les plus plébiscitées, on trouve : la curiosité, l'autonomie, l'écoute active, la communication orale, le respect, la flexibilité et l'adaptabilité, une attitude positive et l'appétence pour le système D, l'esprit d'équipe, la responsabilité, l'intégrité, l'ouverture au changement, l'appétence pour la nouveauté...

Ces règles du jeu économique ne sont pas écrites. Elles peuvent être transmises par un enseignement, un mentor, un coach... mais en général, on les découvre au cours de ses différentes expériences professionnelles.

De mes expériences, j'ai retenu 4 leçons qui me semblent essentielles pour avoir une bonne visibilité professionnelle et minimiser les risques d'obsolescence.

Leçon n° 1 : jouer pour gagner

C'est la règle du poker et c'est aussi la règle du marché du travail. Quel que soit le chemin de vie professionnelle que vous vous souhaitez, rien de durable ne pourra exister si vous ne créez pas autour de vous une énergie du gain, **une énergie de la victoire.** Ce n'est pas forcément un gain matériel. Cela peut être réussir un projet en dehors de votre zone de confort, embrasser une nouvelle activité, changer de direction, de pays, commencer à apprendre une langue étrangère, à coder, à maîtriser l'intelligence artificielle... peu importe le sujet, pour réussir, vous devez poser l'intention de la victoire en définissant les critères de cette dernière. Si vous vous lancez dans quelque chose sans bien savoir pourquoi ni où cela peut vous mener, vos espérances de réussite et/ou vos performances seront assez faibles. L'énergie de la victoire est créatrice de « goodwill ». Elle vous permet de trouver les ressources en vous pour performer et obtenir la réalisation de vos objectifs.

C'est la recette des sportifs de haut niveau. Aucun athlète n'envisage une compétition en se disant qu'il ou elle peut perdre. C'est impossible. Ça n'aurait aucun sens. Tout le travail des « mentalistes », ces préparateurs hors pair du mental des champions, réside dans leur capacité à renforcer le mental des athlètes pour qu'ils ne flanchent pas aux moments clés (balle de match, penalty, tir au but...), qu'ils restent motivés peu importe les difficultés.

> ***Une trajectoire professionnelle, quelle qu'elle soit, se construit, elle ne peut être laissée aux mains du hasard.***

Elle se planifie, se prépare, s'envisage sous tous ses angles.

C'est une compétition. C'est vrai. Pour autant, cela ne signifie ni déloyauté, ni coups bas, ni énergie négative. Une compétition peut être saine. C'est le cas dans le sport. Personne ne conteste les compétitions sportives. La vie professionnelle est comme un terrain de sport avec ses règles, ses arbitres, ses joueurs, ses matchs. Arrêtons de confondre ou d'associer compétition et stigmatisation, et d'opposer compétition et coopération. On peut tout à fait développer un esprit d'équipe fort et en même temps rechercher une certaine performance individuelle. Ce n'est pas incompatible. C'est ce que j'aime dans l'énergie de la victoire.

Trop souvent, les femmes jettent l'éponge en cours de route, car elles ne se sentent pas à l'aise avec les règles de la compétition, comme si elles voulaient éviter le côté gagnant-perdant. Elles sont prêtes à refuser un succès personnel au nom du bien collectif. Ou alors, elles sont gênées et décident de le partager avec leurs collègues, adoptant ainsi une attitude de retrait individuel au profit du collectif. Le problème d'une telle attitude est de minorer les réalisations féminines, et ce faisant d'entretenir les disparités dans la distribution des postes à responsabilités et de limiter la progression des femmes dans les entreprises.

En fait, cela remonte à notre éducation, pour le coup assez genrée en matière d'appétence pour la compétition et de goût du risque. Si on apprend aux garçons à s'épanouir dans la compétition, on accentue pour les filles la coopération. C'est un apprentissage différent qui développe des aptitudes différentes, et notamment en matière de risque et d'audace. Comment apprendre le risque quand on nous invite en permanence à la prudence ? Comment se familiariser avec l'audace quand notre éducation nous invite à la raison et à la mesure ?

Ce que l'on mésestime, c'est la dimension « jeu » de la compétition, ressort de l'action et de l'inventivité, facteur de progression et de dépassement. Or il est important, ce dépassement, car il autorise la fierté de soi et il participe à la construction de la confiance en soi.

Dans les cours d'école, les garçons jouent au foot. Cette activité est vertueuse à plusieurs titres : on apprend le collectif, l'esprit d'équipe, la persévérance, l'effort, et en même temps on se fabrique un corps et un mental plus résistants. Plutôt que de songer à supprimer les terrains de foot dans les cours de récréation sous prétexte qu'ils prennent trop de place et qu'ils n'incluent pas les filles, pourquoi ne pas inciter les filles à jouer au foot et qui plus est en équipes mixtes ? Cela serait bien plus intéressant. Elles y gagneraient en résistance, en confiance et apprendraient le risque. Quant aux garçons, ils se forgeraient une autre vision du féminin loin des archétypes en vigueur. Oui, les sports collectifs sont un super apprentissage de la vie. Et à ce titre, les filles doivent aussi y participer.

Jeune adolescente, j'ai fait du basket, du hockey sur gazon. J'ai appris le collectif, l'équipe, la patience de l'entraînement, l'endurance aux chocs, surtout au hockey, et j'ai aimé l'énergie de la victoire. Elle ne m'a plus quittée ensuite et m'a été très utile tout au long de mes parcours professionnels.

J'y ai aussi appris à parer les coups, à les encaisser, et surtout à les éviter par la pratique et la maîtrise des règles du jeu. Le sport collectif apprend également à gérer ses émotions, celles de la victoire comme celles de l'échec, qu'on apprend aussi à relativiser sur un terrain de sport et ensuite dans la vie professionnelle si on s'est entraîné à le faire. J'ai en outre pratiqué des sports individuels comme le tennis et l'équitation qui m'ont appris la persévérance, la responsabilité, les vertus de la discipline et la gestion de la peur. Monter à cheval, c'est dominer sa peur de l'animal. La mienne a pris le dessus au moment d'apprendre les sauts, quand mon cheval a pilé devant l'obstacle et que par réflexe de survie, j'ai sauté avant de me retrouver parachutée au-dessus de sa croupe. Après, je n'ai plus fait d'équitation. Ma peur l'a emporté et cette appréhension tenace donnait au cheval le pouvoir sur moi. Donc impossible de continuer cette activité.

> ***J'en ai retenu un enseignement précieux : la peur est un poison, qui nuit à l'action, limite l'audace.***

J'ai compris que je devais apprendre à domestiquer ma peur pour croître, pour me développer. J'ai compris que **le risque s'apprend,** que c'est un exercice qui requiert de l'apprentissage et de la pratique. Ce n'est pas quelque chose d'inné. Bien au contraire, notre cerveau fait tout pour nous protéger et il va plutôt nous inciter à la prudence en activant la peur pour freiner nos audaces.

Apprendre le risque est essentiel, car il est un élément central de la prise de décision. Et pour bien le saisir, le risque, il est important de faire la distinction et de comprendre la différence entre décider et choisir.

Décider et choisir sont deux choses différentes.

Choisir requiert une mise en perspective des informations dont on dispose sur la question à trancher. Le choix est l'aboutissement d'un examen rationnel dans lequel on cherche à réduire l'incertitude. Il repose sur des critères rationnels. Et pour être plus précise, on a en main les éléments rationnels de l'arbitrage. Conséquence, quand on choisit, **on sait avant d'agir.**

Décider, c'est prendre un risque le plus calculé possible sans disposer de toutes les informations. C'est s'engager dans l'incertitude, réussir à y aller malgré le doute, avec le doute, en étant prêt à assumer les conséquences imprévisibles de notre décision. C'est accepter une part irréductible d'incertitude et donc consentir au risque. Car décider, **c'est agir avant de savoir.**

Voilà pourquoi il est important d'apprendre le risque, d'en faire l'apprentissage et de savoir le manier. Nous en avons besoin tout au long de notre vie.

Là, il y a une grande différence hommes-femmes qui nous freine dans notre développement. Nous, les femmes, avons tendance à attendre d'avoir l'impression de tout savoir sur le sujet pour prendre le risque d'y aller. Nous cherchons à réduire au minimum les incertitudes, l'inconnu. Là où notre collègue masculin aura accepté le dossier sans se poser la question de « est-ce que j'en suis capable » et au passage aura négocié une augmentation de salaire. Il agira ainsi car il est plus familier du risque, son éducation l'a amené à se familiariser avec l'affrontement de l'incertitude. Nous, beaucoup moins, voire le contraire, on nous invite à la prudence et pas tellement à l'audace.

Nous sommes confrontées à deux principaux fléaux qui au quotidien nous empoisonnent. J'ai nommé le syndrome de la bonne élève perfectionniste et celui de l'imposteur. Ils vont de pair en général.

→ LA BONNE ÉLÈVE PERFECTIONNISTE

Je ne sais pas qui un jour nous a mis cette idée de perfection dans la tête, mais s'il y a bien quelque chose dont on doit se débarrasser le plus vite possible, c'est la recherche de perfection. Elle n'existe pas, la perfection, c'est un leurre qui crée de la peur, de l'insatisfaction récurrente, et au final

“

La réussite
de son chemin
PROFESSIONNEL
est le fruit des
RISQUES
qu'on a su prendre
à un
INSTANT T.

”

c'est un poison qui paralyse nos capacités d'action et nous assigne à résidence « dans notre couloir de nage ».

La perfection nous amène à nous juger en permanence et crée de la culpabilité et de la honte. À force de chercher à être parfaites, nous avons le sentiment d'échouer et à la longue nous perdons notre confiance en nous et notre estime de nous. Nous nous autopersuadons que nous ne sommes pas assez. Nous refusons nos fragilités, que nous assimilons à tort à de la faiblesse.

D'où vient notre obsession de la perfection ?

Je pense de notre surperformante héroïne intérieure, celle qui réussit tout, qui n'a aucune faille, ne se plaint jamais, avance et gagne quoi qu'il arrive. Zéro vulnérabilité ou imperfection, elle trace, notre héroïne intérieure. Sauf que dans la vraie vie, ça ne marche pas exactement comme ça. L'humain est vulnérable et c'est ce qui fait sa force. Nous ne sommes pas des machines et notre recherche de perfection est inversement proportionnelle à notre assurance ou à notre manque d'assurance, à nos doutes, nos peurs, nos questionnements.

> ***La perfection, notre ennemie numéro 1.***

Nous recherchons la perfection pour être intégrées, faire partie du groupe, de la collectivité. Notre peur du rejet nous amène à rechercher la perfection comme bouclier protecteur quitte à passer à côté de ce qui compte vraiment pour nous. Plus vite on accepte non pas d'être imparfaites, mais FAILLIBLES, plus vite on se libère aussi du syndrome de l'imposteur. Là, je sens que vous me comprenez !

Quant au syndrome de l'imposteur, il est ancré dans la peur de ne pas être à la hauteur, dans une remise en question permanente, dans la propension à attribuer ses réussites à des facteurs externes, la chance bien souvent. Caractérisé par une incapacité à évaluer ses aptitudes et ses compétences de façon réaliste, il nous fait douter de nos réussites, nous fait vivre dans la peur d'être un escroc que les autres vont démasquer, et ce malgré nos capacités démontrées et reconnues. Résultat, nous sommes incapables d'accepter les compliments ou de fêter nos réussites.

→ S'AFFRANCHIR DU SYNDROME DE LA BONNE ÉLÈVE, DE LA PREMIÈRE DE LA CLASSE

Nous sommes nombreuses à le partager. Et nous avons du mal à nous en défaire. Il devient comme une seconde nature, une seconde peau. Pourtant, le plus tôt nous réussissons à lui tordre le cou, le mieux nous nous portons. Pourquoi ? Tout simplement parce que cette recherche sans fin de la première place, de l'excellence, empêche de profiter de ses accomplissements, de s'accorder de la reconnaissance pour ce qui est accompli. Elle génère une frustration quasi permanente, car on est dans le toujours plus, toujours mieux, toujours plus haut. Certes, cela peut enclencher le cercle vertueux du succès, mais avec en contrepartie un socle fragile, friable, super dépendant de l'extérieur. On attend son évaluation, sa bonne note, sa prime... on externalise la reconnaissance de sa valeur. En faisant ça, on se fragilise, on crée une relation de dépendance à la personne en charge de donner la note, qu'elle soit privée ou professionnelle, on est suspendue à l'autre. On n'honore pas soi-même sa valeur, sa place. On ne reconnaît pas ses mérites, on ne s'autorise pas grand-chose soi-même, on attend l'adoubement extérieur. C'est un piège.

Ce n'est pas un exercice facile de laisser tomber la bonne élève première de la classe. Comme vous, j'en ai souffert longtemps, très longtemps. J'ai mis du temps à intégrer la nécessité d'intérioriser ma valorisation personnelle. Depuis mon enfance, j'adorais être bonne élève, être la première de ma classe, de ma promo... Certes, mais comment être première dans la vie ? Là, ça se corse et surtout ça peut nous entraîner dans une course-poursuite effrénée dont on peut perdre le fil.

S'affranchir de cette place de première de la classe, c'est un exercice ardu qui demande de la lucidité pour réussir à reconnaître ses talents, ses accomplissements, ses sphères d'excellence et d'optimisation.

Souvent, les bilans de compétences avec un coach professionnel aident à faire ce travail essentiel pour se libérer et construire sa confiance en soi sur des bases solides, les siennes, sans dépendance aucune à un quelconque regard extérieur.

Cherchez à connaître, à définir votre valeur de la façon la plus lucide possible. Cela requiert un travail de fond pour identifier ses forces, son expertise, ses compétences. Une bonne façon de commencer à le faire est de reconnaître vos réalisations. Vous souriez ?

Mais à quand remonte la dernière fois où vous vous êtes félicitée de quelque chose, où vous vous êtes sentie fière de vous, où vous vous êtes reconnue ? Où vous n'avez pas utilisé cette phrase terrible : « J'ai eu de la chance... » NON, vous avez travaillé d'arrache-pied pour obtenir le poste que vous avez, la position qui est la vôtre. La chance n'a rien à voir là-dedans, votre implication, ténacité, courage, détermination, OUI.

Prenez l'habitude de lister tout ce que vous avez accompli dans la journée, dans la semaine, dans le mois... en fonction de votre rythme. C'est à la fois libérateur et extrêmement booster de confiance en soi. Ainsi, en faisant ce petit exercice, on prend conscience de tout ce que nous accomplissons tous les jours sans toujours en prendre la mesure.

N'hésitez pas à sortir du cadre qui vous a été défini par votre éducation, votre milieu social, si ce cadre vous étouffe et vous empêche d'exprimer qui vous avez réellement envie d'être. En décidant par soi-même du chemin qui est bon pour nous, on s'affranchit des normes et des codes, on se libère des jugements. Et là, l'âge et l'expérience nous aident.

→ PRIVILÉGIEZ L'ACTION À LA PERFECTION

En fait, la perfection est une forme d'immobilisme qui incite à la procrastination. Là où le mouvement est créateur d'opportunités, de fenêtres d'ouverture, de chance. Préférez toujours le faire et l'action.

Leçon nº 2 : travailler sa confiance en soi

On ne naît pas confiant, on le devient. C'est une conquête patiente et difficile, qui demande de l'entraînement, de la ténacité et de la détermination. **La confiance en soi se nourrit de nos actions. Elle est un résultat de nos actions.** Elle requiert cette énergie de la victoire qui nous pousse à apprendre à gagner en toutes circonstances, y compris dans les environnements incertains, risqués, où on ne sait pas au départ si on a « la meilleure main ». Plus on s'entraîne, plus on affirme sa volonté, sa capacité à surmonter les obstacles, à aller au-delà des résistances. Notre expérience est le meilleur point d'appui pour construire et développer notre confiance en nous.

Plus on pratique une activité sportive de façon intensive et régulière, plus on acquiert les bonnes techniques, les bons réflexes, les bons placements, plus on améliore ses performances et plus ainsi on se sent sûre de nous, plus en confiance.

Alors, entraînez-vous, pratiquez, pratiquez, pratiquez jusqu'au moment où vous vous sentez suffisamment en confiance pour passer à un autre sujet.

Quand j'ai décidé de lancer mon blog en 2016, je n'avais aucune idée de comment le faire. J'admirais le travail de Garance Doré et je me suis dit : je veux faire la même chose, une plateforme de conseils et d'échanges pour les femmes de 50 ans et plus. C'était mon point de départ. J'ai réfléchi à ma ligne éditoriale et j'ai cherché l'aide d'un directeur artistique pour fabriquer le blog, n'ayant aucune connaissance informatique et digitale. Je voulais que cela soit beau et j'ai commencé à écrire mes articles. Sauf que quelques mois plus tard, je me suis rendu compte que mon blog était invisible pour Google et donc pour mon audience. Hop, j'ai recommencé en allant chercher cette fois-ci l'aide d'une professionnelle des sites qui a rendu visible mon blog, m'a appris à écrire pour le Net et à me servir de WordPress. J'ai eu la chance de rencontrer cette femme formidable qui avait une obsession, celle de me rendre autonome sur mon blog. Ça m'a pris du temps d'apprentissage, j'ai râlé, car j'ai dû modifier ma façon d'écrire, mais au final désormais je suis capable de gérer mon blog toute seule et je vous assure que j'en suis super fière. Je me suis entraînée pendant des heures à changer ma façon d'écrire, à laisser tomber les phrases de 8 lignes avec ponctuation que l'algorithme anglo-saxon de Google ne pouvait pas déchiffrer. L'anglais est une langue hyper directe et synthétique. J'ai dû apprendre à m'adapter à ce mode de construction et à éditer mes articles, c'est-à-dire à les construire en petits paragraphes avec titre et sous-titres. Aujourd'hui, j'ai confiance en ma capacité à gérer mon blog.

Oui, la pratique est la clé de la confiance et elle nécessite de se donner le temps de l'apprentissage.

Leçon n° 3 : prendre sa place sans hésitation

Exprimez-vous chaque fois que vous avez quelque chose à dire sur un sujet sans attendre qu'on vous le demande. À partir du moment où vous êtes conviée à une réunion, une table ronde, une conférence, c'est que vous avez quelque chose à dire, une contribution à apporter. Osez exprimer vos convictions, vos opinions. Rejoignez sans hésiter la conversation et marquez votre contribution. Ne restez pas assise dans une réunion sans prendre la parole, cela ne peut que vous desservir. Les autres participants auront vite fait de vous cataloguer soit comme peu compétente, soit comme timide, pas sûre de vous.

Pour ce faire, soyez incollable sur les chemins internes du pouvoir et jouez vos cartes en connaissance de cause.

C'est un travail essentiel que celui de bien connaître les arcanes du pouvoir dans votre entreprise, votre secteur d'activité. Bien souvent, il y a plusieurs niveaux de lecture et d'influence. Ce sont des règles non écrites, des organigrammes et agendas cachés dont il faut prendre la mesure, au risque dans le cas contraire de passer à côté d'un circuit de décision.

Il faut apprendre à naviguer à l'intérieur de ces écosystèmes, prendre ses repères, trouver ses supporters, chercher le décodeur. Tout ne viendra pas à vous facilement. Les organigrammes cachés sont fréquents. Que cela soit les déjeuners du dimanche dans les entreprises familiales qui peuvent ruiner des semaines de travail et de validation, un conseiller dont vous n'avez pas sollicité l'avis... ces processus de décisions occultes peuvent vous faire perdre beaucoup de temps et de crédibilité dans une entreprise. Il n'y a pas un mode d'emploi livré avec le job. Ce serait trop simple. La recherche du mode d'emploi fait intégralement partie du processus de sélection. Sachez-le, tous les écosystèmes ont leur mode de régulation, leur processus de sélection. L'ignorer peut vous causer du tort.

“

Une entreprise,
un secteur d’activité
sont des
ÉCOSYSTÈMES,
à part entière.

”

Pour prendre votre place, adoptez une démarche proactive de recherche d'informations, comprenez la distribution du pouvoir, cherchez à percer le jeu des acteurs autour de la table avec vous, à trouver la grille de lecture en place. Rendez visible l'invisible. Apprenez à « lire ce qui n'est pas dit », pour reprendre les mots d'Anne-Cécile Sarfati, autrice du podcast *Bienvenue dans l'ascenseur*, qui donne la parole à celles et ceux qui ont réussi malgré leurs origines sociales. C'est la condition pour asseoir votre place.

Nous en avons toutes, une place. La trouver peut prendre du temps. Et elle peut bouger et évoluer avec vous, votre place. Elle n'est pas figée. On n'a pas forcément envie des mêmes choses à tous les âges. L'expérience et l'âge nous permettent de faire un tri entre ce qui compte vraiment et ce qui s'apparente davantage à de l'anecdotique, du superflu.

→ VOUS AVEZ LE DROIT D'AVOIR ENVIE DE CHANGER DE PLACE

C'est parfaitement normal, car trouver sa place est un processus évolutif, un cheminement continuel et pas une destination finale. Il est absolument normal de ressentir des doutes et des incertitudes, car nous sommes, en tant qu'êtres humains, évolutifs. La clé pour trouver sa place au fil de nos expériences et de nos âges est d'être ouvertes à l'exploration et de s'autoriser à explorer différents chemins.

> ***Essayez de nouvelles expériences,***
> ***prenez des risques,***
> ***soyez audacieuse,***
> ***apprenez de vos échecs.***

Chaque expérience est porteuse d'un enseignement sur vous et ce qui vous convient le mieux. Ne déléguez à personne cette recherche, elle est individuelle et intime. Trouver votre place, c'est aussi choisir un environnement de travail qui corresponde à vos valeurs, à votre vision du monde. Il n'y a que vous qui puissiez identifier les ingrédients essentiels de votre recette personnelle : culture d'entreprise, opportunités de croissance, d'impact positif… Plus votre environnement de travail va résonner avec vous, plus vous vous y sentirez épanouie et motivée.

→ TROUVER SA PLACE EST UN VOYAGE INDIVIDUEL

Soyez patiente. Donnez-vous le temps nécessaire. Et ne vous comparez pas. Chacune d'entre nous a sa définition du bonheur et du succès. Se comparer aux autres est inutile et porteur de frustration. Concentrez-vous sur votre chemin et acceptez que votre parcours puisse être différent de celui des autres. Soyez bienveillante avec vous-même tout au long du processus. Flexibilité et ouverture d'esprit sont essentielles. N'hésitez pas à tester de nouvelles expériences, chaque nouveau défi représente une opportunité de croissance et d'apprentissage sur soi.

Mentors et coachs professionnels sont de précieux alliés dans cette recherche.

Avoir un regard extérieur et bienveillant peut nous aider à prendre du recul et à voir plus clair dans ce qui nous anime et ce que nous recherchons. Ces professionnels peuvent nous aider à décoder différemment les situations, sans affect ni émotion, avec recul et sang-froid. Ils sont porteurs d'un éclairage différent qui temporise notre émotion et notre ego.

Leçon n° 4 : envisager la chance comme une compétence

Oui, vous avez bien lu. Poser la chance comme une compétence, c'est-à-dire comme notre capacité à créer autour de nous les conditions d'apparition d'opportunités. Et ainsi s'affranchir de la définition traditionnelle de la chance comme fruit du hasard. Ça change tout. Et en premier lieu, nous changeons de statut, de perspective, en ce sens qu'une compétence peut s'acquérir, se développer et s'affiner. La première question que posait Napoléon aux généraux qui voulaient rejoindre son état-major était « avez-vous de la chance ? », au sens de : savez-vous créer autour de vous les conditions du succès, de la victoire ?

→ SE POSITIONNER EN ACTEUR

Et non en spectateur en attente de quelque chose de miraculeux. Cela nous invite à adopter une mentalité proactive et à prendre des mesures pour créer des opportunités. Nous nous engageons activement dans des actions et des comportements qui augmentent nos chances de succès. Cela peut impliquer de sortir de sa zone de confort, de nouer des relations, de chercher de nouvelles informations et d'explorer de nouvelles voies.

→ DÉVELOPPER UNE ATTITUDE POSITIVE ET OPTIMISTE

Notre état d'esprit et notre perception du monde jouent un rôle essentiel dans notre capacité à saisir les opportunités. En adoptant une attitude positive, nous attirons naturellement des personnes et des circonstances favorables à nos objectifs. Nous prenons confiance en nous et nous devenons plus résilientes face aux revers. Il devient plus simple de faire de nos échecs, nous en connaissons toutes, une occasion d'apprendre et de rebondir vers de nouvelles opportunités.

→ CULTIVER SA CURIOSITÉ ET SON OUVERTURE D'ESPRIT

Je suis convaincue que, souvent, la chance réside dans des domaines inexplorés, des rencontres fortuites et des idées originales. Plus on développe un esprit d'apprentissage, plus on cherche à élargir notre couloir de nage, en questionnant parfois nos croyances, plus nous créons un terreau fertile d'où la chance peut émerger. Il ne s'agit pas de chercher à avoir plus, mais plutôt de se demander chaque matin : « Qu'est-ce que je vais apprendre aujourd'hui ? » L'ouverture d'esprit aux autres, à l'intergénérationnel, peut nous permettre de dynamiser notre trajectoire professionnelle, de l'enrichir.

→ AGIR AVEC PERSÉVÉRANCE ET DÉTERMINATION

Intégrer le temps long. Nous le perdons de vue dans nos sociétés de la rapidité, de l'immédiateté. Or le succès et la chance peuvent demander des efforts soutenus sur une longue période. Se mentaliser, être prête à faire face aux difficultés, aux obstacles, intégrer que la persévérance peut provoquer des opportunités inattendues.

→ DÉVELOPPER SON « SENS DE LA CHANCE »

Cherchez à créer autour de vous le maximum d'opportunités de développement, de changement, soyez curieuse, à l'affût de l'inattendu.

Pour vous aider sur ce chemin, vous pouvez vous inspirer des 4 piliers développés par les personnes chanceuses :

— **Elles savent reconnaître les occasions qui leur sont favorables :** c'est un exercice qui demande de se placer du côté du verre « à moitié plein » et non « à moitié vide ». Ça peut faire sourire, mais votre état d'esprit est déterminant. Il vous permet de créer de l'énergie positive et de transformer votre perception du réel.

— **Elles savent écouter et faire confiance à leur intuition.** Vous la connaissez, cette petite voix intérieure qui sait, qui nous guide et qui au final est notre meilleur GPS. Chaque fois que je ne l'ai pas écoutée, quelles qu'en soient les raisons, je me suis trompée, je me suis retrouvée dans des situations où je ne me sentais pas bien.

— **Elles s'attendent à avoir de la chance.** Autrement dit, elles croient en elles, en leur potentiel, en leur puissance. Là, le travail sur soi est une clé importante. S'approprier soi-même, se connaître vraiment : c'est un outil formidable, la connaissance de soi. Il vous permet d'agir en conscience et de relativiser. C'est une des meilleures choses que vous pouvez faire pour vous, apprendre à vous connaître. Les outils thérapeutiques sont nombreux et vous n'avez pas besoin de passer des années sur un divan pour y parvenir. Si vous en ressentez le besoin, si vous avez du mal à vous sentir à votre place, essayez. Ce n'est pas toujours très agréable de descendre dans les abysses de son inconscient, mais pour citer Carl Jung, « ce qu'on ne veut pas savoir de soi-même finit par arriver de l'extérieur sous forme de destin ».

— **Elles cherchent le positif des situations, y compris les négatives.** Je sais que c'est plus facile à dire qu'à faire. Parfois, on se retrouve dans des situations tellement difficiles ou complexes qu'on a du mal à se dire que quelque chose de positif peut en ressortir. L'idée ici est de surtout éviter de se victimiser. Le monde professionnel est un tissu complexe de compétences, d'interactions avec le groupe, de gestion de ses émotions, de ses fragilités, doutes et incertitudes.

Comment développer sa chance au quotidien ?

Cultivez l'audace et la curiosité, transformez vos erreurs en opportunités, entraînez-vous à l'énergie de la victoire.

Intégrez la gym du possible dans votre quotidien en vous posant 3 questions quand vous estimez que vous pourriez avoir davantage de chance :

— **Qu'est-ce que je dois arrêter de faire ?** Ce qui ne m'est pas profitable, ne me fait pas du bien. Cela peut être rompre avec un environnement professionnel ou des personnes toxiques, arrêter de vous faire passer en second dans vos priorités.

— **Qu'est-ce que j'ai envie de continuer à faire ?** En résumé, tout ce qui vous nourrit, vous ressource, vous apporte de la joie, vous donne la pêche et le sourire.

— **Qu'est-ce que je dois commencer à faire ?** Cela peut être une formation, de l'activité physique, un rééquilibrage nutritionnel, une attention à votre santé, un changement d'activité, de métier, de relation...

Plus vous intégrerez cette gym du possible dans votre quotidien, plus cela deviendra une gym réflexe, plus vous ouvrirez les espaces de la chance autour de vous.

Et pour celles qui souhaitent aller plus loin, apprenez à jouer au poker, suivez la fantastique Jenny Just qui pose que savoir jouer au poker donne aux femmes la puissance et le pouvoir. Avec sa société, Poker Power, elle apprend aux femmes à s'émanciper et à acquérir les fondamentaux de leur réussite professionnelle.

“

Prendre sa

PLACE

sans attendre

d'y être

AUTORISÉE !

”

LUCILLE DESJONQUÈRES. OSER S'EXPRIMER.

Lucille est une chasseuse de têtes créative et audacieuse qui a fondé, au sein de son cabinet Leyders Associates, un département dédié à la gouvernance au féminin, autrement dit la féminisation des conseils d'administration. Plus récemment, en vertu de la loi Rixain, elle s'évertue à féminiser les Comex et à aider les femmes à monter en compétence. Avec son cabinet, elle aide les entreprises à recruter des femmes et des hommes pour une parité porteuse de sens, d'équilibre et de performance.

Elle est également la créatrice des Assises de la Parité, dont elle porte avec enthousiasme le combat, estimant que si le sujet progresse, il reste encore beaucoup à faire pour donner aux femmes la représentativité qu'elles sont légitimes à revendiquer.

Je connais Lucille depuis longtemps et j'apprécie la franchise de sa parole. Quand je l'interroge sur les femmes et l'ambition, elle me répond que « les femmes veulent faire. Elles en ont l'énergie et la volonté. Elles réussissent à tout gérer, boulot, enfants, parents vieillissants, mais la société n'est pas simple pour les femmes du fait de la misogynie qui y reste très importante ».

Elle incite les femmes à OSER et à être AUDACIEUSES. Trop souvent, dit-elle, « les femmes sont enfermées dans leurs propres biais, elles ne sont pas suffisamment audacieuses, elles n'osent pas assez sortir de leur zone de confort ». « Je vois des femmes qui ont des compétences exceptionnelles, un super background, elles sont techniquement parfaites, mais là où le bât blesse, c'est le leadership. »

Pour Lucille, il y a deux sujets clés pour avancer : les « soft skills », qui sont insuffisamment développées ou mises en avant par les femmes, et la sororité dont on parle beaucoup, mais qui ne doit pas être prise à la légère. Les hommes le font très bien en recommandant un homme dès qu'eux ne peuvent pas. Les femmes ne le font pas assez. En cause, cette rivalité dont il faut se débarrasser au plus vite, ajoute-t-elle. La jeune génération, en quête d'idéal, semble progresser sur le sujet.

Elle range dans les « soft skills » le fait d'oser s'exprimer dans une assemblée, de prendre la parole en public, de poser des questions et de refuser d'être interrompue au milieu d'une phrase par un collègue masculin. Il s'agit de lui faire remarquer fermement et de façon courtoise que vous êtes en train de parler, que vous allez finir votre exposé, qu'ensuite il aura la parole et que vous refusez qu'on vous coupe. C'est une « soft skill » essentielle, car elle dit la confiance en soi, le sentiment de légitimité, d'être à sa place et d'avoir une valeur, que sa parole a une valeur égale à celle des autres personnes présentes autour de la table.

Il faut être inspirante, oser y aller, ne pas être tétanisée par le regard des autres. Ce n'est pas le sujet, en fait. « Ils ne vont pas nous manger », souligne Lucille. Et si on ne se sent pas à l'aise avec la prise de parole en public, il ne faut pas hésiter à se former à cette discipline. Quand on est motivée par un sujet, il faut sortir de ses peurs, qui sont nos pires freins, et surtout maintenir une posture de femme rassurée et rassurante. Le non verbal nous trahit et il faut être vigilante sur toutes les attitudes qui peuvent révéler un trouble.

« Il y a le job qu'on a et ce qu'on en fait », disait la maman de Lucille, qui ajoute : « Il ne faut pas hésiter à inventer son job, à en inventer d'autres facettes, à mettre de l'insolite dans son métier. »

Faire preuve de créativité, oser être différente avec créativité et professionnalisme. Nous avons toutes et tous des forces insoupçonnées en nous : surtout lorsque nous sommes portés par les sujets, les montagnes s'escaladent. « Ne nous leurrons pas, le monde du travail est dur et il ne faut savoir compter que sur soi face à l'adversité. Alors, ne pas hésiter à se faire coacher et accompagner pour oser le faire. Nous devons être nos propres ambassadrices. Je crois beaucoup au mentoring croisé, précise Lucille. Faisons des hommes des alliés et sensibilisons-les à leur rôle de père et d'époux. »

À 45 ans, pour être vue et entretenir son employabilité, il faut utiliser LinkedIn, poster, commenter, partager des sujets, affirmer et diffuser ses opinions. C'est essentiel. Montrer qu'on est capable d'être force de créativité et de proposition. Sa méthode est simple : « Se poser devant sa feuille en se demandant de quoi on a besoin pour réussir à obtenir ça. Bâtir sa stratégie, aller la soumettre auprès de ses entreprises cibles. »

Être proactive dans la réflexion sur son métier, ses évolutions. Les questions que Lucille pose pour challenger ses interlocutrices et les amener à réfléchir sur les actions qu'elles pourraient mettre en œuvre pour se sentir mieux dans leur job, pour retrouver un job quand elles sont en recherche d'emploi : « Qu'est-ce que vous faites le matin pour modifier le cours de votre journée qui commence à vous lasser ? Vous avez 50 ans, vous avez perdu votre job et vous entendez partout que c'est mort, qu'est-ce que vous pouvez mettre en place pour que les entreprises aient besoin de votre expérience ? »

Son conseil : chercher à sortir de l'ordinaire, à être différente pour être reconnue et inciter à la rencontre. Apporter des choses qui n'existent pas, aborder les entreprises en leur proposant des solutions par rapport à un problème que vous avez identifié. Ça veut dire bosser en amont pour provoquer des rendez-vous, autour d'une proposition de votre part. Se mettre à la place du DG et du D.R.H., et se demander de quoi ils ont besoin. Chercher les trous dans la raquette, regarder les coulisses de l'entreprise et proposer des options. « Par exemple, une société absente des Pays-Bas et vous, vous avez un super réseau à proposer pour aider l'entreprise X à s'implanter en Hollande. Vous êtes apporteur d'une solution, vous ne demandez rien, vous proposez, vous initiez. » Identifier le plus tôt possible ses points d'amélioration et les travailler pour se libérer du syndrome de l'imposteur. « On ne peut pas tout savoir », mais on peut se former par rapport à ses objectifs pour gagner en confiance en soi, en sentiment de légitimité. Les tests de personnalité sont un super outil de diagnostic de ses forces et de ses points d'amélioration. C'est un bon investissement à faire pour soi.

Soyez curieuses, Mesdames, ouvrez-vous à des modèles économiques différents, plus agiles, plus stimulants. Développez votre créativité, cherchez des idées originales pour vous démarquer et marquer votre différence.

À partir de 45 ans, la singularité devient un atout considérable. Oubliez le politiquement correct, cherchez à imprimer auprès de votre interlocuteur, votre objectif c'est que la personne qui vous reçoit se dise : « Elle, il faut qu'on la revoie, elle peut nous aider à avancer dans la complexité du monde d'aujourd'hui. » L'audace est votre meilleure alliée pour rebondir.

→ **Vous pouvez suivre Lucille sur LinkedIn et sur son site https://www.leyders-associates.com.**

CHAPITRE 6

ÂGE FIER, ÂGE FORT, EXPRIMER TOUTE SA PUISSANCE À 50+

Avoir 50 ans et conserver son poste dans son entreprise, se sentir reconnue et valorisée dans son job, c'est loin d'être simple ou facile. À partir de 45 ans, votre employeur en général vous signale que vous êtes devenue senior et souvent vous invite à aller faire un bilan de mi-parcours avec la D.R.H. L'âge, tout à coup, devient un marqueur de compétences, de capacité à performer dans son boulot. Il ostracise, créant une césure entre les jeunes performants et les seniors plutôt en fin de course. Aussi incroyable que cela puisse paraître, c'est une réalité, la nôtre.

L'âgisme ordinaire, que je définis comme le mépris de l'âge, est insidieux et c'est probablement la dernière discrimination autorisée qui ne mobilise pas les foules. Qui n'a jamais entendu ces petites remarques soi-disant sympathiques et pourtant tellement empreintes de biais âgistes : « Tu es la mémoire de cette entreprise », « ah, c'est cool à ton âge de sortir si tard »,

« dingue, tu sais te servir de WordPress toute seule ! », « tu ne fais pas ton âge »... J'en passe et des meilleures, et je suis certaine que vous pourriez sans problème compléter cette liste à (presque) l'infini.

Or, avec l'accroissement de l'espérance de vie, nous allons devoir travailler plus longtemps. Et nous savons que l'activité est un facteur de longévité heureuse. Par ailleurs, à l'horizon 2030, la part des personnes âgées de 60 ans ou plus sera de 31 % et nous devrons travailler jusqu'à 64 ans en moyenne. Il y a donc urgence à réhabiliter l'employabilité des seniors, à miser sur leur potentiel et à leur donner des perspectives de développement, de rayonnement. À arrêter de considérer que 50 ans équivaut à une mise à l'écart, au rancart et à une dissolution progressive jusqu'à l'effacement. Plus on se sent dévalorisée, insuffisamment reconnue, plus on s'auto-exclut, on se désengage et on se fragilise. Progressivement, on s'éteint dans l'entreprise, on ne développe plus notre potentiel, on perd le rythme, on a la sensation de s'assécher et de diminuer en responsabilité, en visibilité.

Alors que 50 ans, au contraire, peut ouvrir des espaces de déploiement et de rayonnement, peut être le moment de la pleine expression de sa puissance.

J'ai 50 ans, comment améliorer mon employabilité ?

Notre employabilité recouvre différents domaines qui se complètent et s'interconnectent : trouver et conserver un emploi, comprendre l'impact de l'intelligence artificielle sur son métier, intégrer les compétences liées à l'intelligence émotionnelle, s'adapter aux modes de collaboration à distance, aux changements/évolutions de son métier, entretenir sa visibilité, développer et nourrir ses réseaux professionnels (anciens élèves, collègues et anciens collègues, etc.)...

“Traiter le **sujet** de L’ÂGE comme un **sujet** de DIVERSITÉ.”

Je vous conseille, tout au long de votre parcours professionnel, d'entretenir votre employabilité, en anticipant les évolutions de votre métier, en travaillant votre visibilité et donc **votre capacité à vous faire repérer,** en vous formant continuellement à de nouveaux métiers et/ou aux évolutions de votre métier, en valorisant vos expériences, **en vous mettant à jour régulièrement.** L'idée est d'avoir un parcours professionnel intentionnel et non subi.

Pour ce faire, il est clé de se décoller du quotidien et de voir plus loin, en prenant le temps de s'aménager des plages, des moments de distance vis-à-vis de votre job. L'idéal est d'avoir un pied à l'extérieur prêt à rebondir, à saisir les opportunités nouvelles. Et si vous en avez la possibilité, apprenez un métier complémentaire du vôtre.

Les carrières longues et linéaires au sein de la même entreprise sont devenues des exceptions. Nous sommes amenées à avoir de multiples vies professionnelles. Il faut **faire de l'agilité professionnelle un état d'esprit.** Ça ne signifie pas être déloyale ou moins investie. Ça signifie être lucide sur les cycles de l'employabilité en entreprise, vous faire passer en premier, prendre soin de votre parcours professionnel en ne le déléguant à personne d'autre que vous. Soyez votre meilleure ambassadrice, votre meilleure porte-parole.

Ne nous cachons pas derrière la réalité, aussi désagréable soit-elle : oui, il y a un sujet de l'âge dans les entreprises. C'est même la discrimination la plus forte qui existe selon Charlotte Montpezat, coach et autrice de *Les Flamboyantes, Qui veut la peau des femmes de 50 ans et plus* (éditions des Équateurs). Il convient de le dire et d'en faire un sujet de RSE et de diversité. En le posant comme une discrimination, on réfute la continuation de l'âgisme ordinaire. On le place là où il doit être placé, à savoir dans le registre des discriminations, au même titre que la couleur de peau, le handicap, le genre...

Je crois dans **la force de l'anticipation, car elle permet de diriger le rythme et non d'être dirigée.** Anticipez les discussions autour de votre potentiel de progression, montrez que vous souhaitez continuer à apprendre, à vous former pour être encore plus compétente, plus performante dans votre job. Indiquez vos souhaits d'évolution, pas sur le mode de la récrimination, de la plainte, mais plutôt en les positionnant comme des leviers de compétitivité, de performances accrues. Montrez à votre entreprise que vous êtes une ressource à potentiel.

Osez prendre le sujet de votre carrière, de votre chemin professionnel, à bras-le-corps. Ne le déléguez ni à la D.R.H. ni à votre patron. Chacun a un agenda différent dans une entreprise. Quelle est la probabilité que votre agenda soit raccord avec celui de vos supérieurs hiérarchiques ?

> ***« Chercher à rendre les quinquas plus visibles en entreprise. »***

Notre employabilité est une coresponsabilité entre nous et l'entreprise, nous et le marché du travail.

L'entreprise a la responsabilité :

de nous proposer des opportunités de croissance, de mobilité, de formation pour bien anticiper et négocier ce tournant professionnel des 50 ans ;
— de reconnaître et de valoriser la contribution des seniors aux performances et à la compétitivité globale de l'entreprise ;
— de valoriser une culture du respect et de l'inclusion en misant sur notre potentiel indépendamment de notre âge ;
— de proposer des programmes de coaching individuel pour aider les femmes à anticiper et préparer leur employabilité passé 50 ans.

Nous avons la responsabilité partagée :

— de demander à participer aux programmes de formation pour rester à jour, que cela soit sur l'innovation, la créativité, les outils technologiques… ;
— de montrer notre engagement envers notre carrière professionnelle ;
— de chercher des opportunités de croissance professionnelle en identifiant les compétences en émergence dans notre secteur d'activité, notre métier ;
— d'être proactives et visibles en participant aux projets transversaux, par exemple en animant des conférences, tables rondes… ;
— de rester éveillées sur les évolutions de notre métier, de notre entreprise, de notre secteur d'activité et de nos envies.

En un mot, de passer du « growing old » (devenir vieux) au « growing whole » (maturer, mûrir).

Il existe des outils qui vont vous permettre de booster votre employabilité.

→ LINKEDIN, UN RÉSEAU PROFESSIONNEL DE PREMIER PLAN

Ne négligez pas LinkedIn, cet outil vous permet à la fois de :

— nourrir votre image de marque professionnelle, votre « personal branding » ;
— développer votre réseau professionnel, notamment sur les cercles éloignés dont vous pouvez avoir besoin si vous souhaitez changer d'entreprise, de métier, de marchés, de pays… L'astuce est, chaque fois que vous rencontrez quelqu'un ou que vous vous connectez avec quelqu'un pour un entretien réseau, de demander à cette personne une connexion sur LinkedIn. C'est une façon simple d'étendre votre réseau LinkedIn ;
— entretenir votre visibilité, votre reconnaissance, en relayant du contenu de qualité sur votre secteur, votre métier ou encore en publiant votre propre contenu. Vous pouvez ainsi attirer l'attention de personnes qui auront à cœur de vous rencontrer pour faire connaissance et pourquoi pas vous recruter ;

— attirer l'attention des recruteurs et faire partie de leurs premiers résultats de recherche. Pour ce faire, connectez-vous à un maximum de recruteurs (D.R.H., chasseurs de têtes, responsables R.H., consultants R.H., chargés R.H.), de façon à faire partie de leurs cercles de niveau 1.

Votre profil LinkedIn doit être complet et parfaitement rempli. N'hésitez pas à vous former sur ce sujet. Il y a des professionnels de ce réseau qui peuvent vous aider à optimiser votre profil en fonction de vos objectifs et du mode de fonctionnement de l'algorithme.

Je l'ai fait il y a quelques années avec un coach spécialiste de ce réseau. Il a beaucoup ri quand je lui ai demandé d'auditer mon profil. Je l'avais rempli rapidement en reprenant les paragraphes de ma biographie. Résultat, mon profil était à la troisième personne, « comme la reine d'Angleterre », m'a-t-il dit, et surtout pratiquement invisible, car non reconnu par l'algorithme de LinkedIn qui, comme celui de Google, est anglo-saxon et donc ne reconnaît ni les constructions de phrases alambiquées ni la troisième personne ! Nous l'avons refait de fond en comble et depuis lors il fonctionne beaucoup mieux. Investissez sur vous pour assurer votre visibilité professionnelle et nourrir votre employabilité. Il n'y aura jamais meilleur investissement que celui qui vous permet de déployer votre potentiel, quel que soit votre âge.

En résumé : il s'agit de renseigner au maximum votre profil LinkedIn, de le compléter le plus possible, d'y insérer beaucoup de contenus médias, par exemple des photos, des images, des liens vers des sites web, vers des vidéos YouTube, pour illustrer le résumé de votre profil LinkedIn ainsi que chacune de vos expériences professionnelles. Plus vous aurez de recommandations sur vos compétences, plus vous publierez des articles, des posts, plus vous interagirez avec du contenu existant, meilleur sera votre rating, car oui, nos profils sont notés par le *Social Selling Index* (SSI).

QU'EST-CE QUE *le SSI* ?

Le *Social Selling Index* (SSI) mesure votre efficacité à imposer votre marque professionnelle, à trouver les bonnes personnes, à communiquer les bonnes infos et à construire des relations. Il est mis à jour quotidiennement.
Prenez connaissance du vôtre. Pour y accéder, c'est assez simple, vous saisissez dans votre barre de recherche directement l'adresse suivante : linkedin.com/sales/ssi/.

→ LA DÉMARCHE RÉSEAU

Créer, entretenir et développer son réseau professionnel est une activité à part entière qui est essentielle à notre employabilité, et ce à tous les âges et étapes de notre vie professionnelle. Bien souvent, cette activité est mésestimée, mal comprise. Elle a pour objectif de nous **rendre visibles, lisibles et attractifs sur le marché de l'emploi** et particulièrement sur le marché caché, c'est-à-dire celui qui fonctionne sur le « bouche-à-oreille », les recommandations et *in fine* sur le réseau.

Comment ça marche ?

Le principe est d'obtenir des recommandations de personnes que vous connaissez, qui vont vous permettre de rencontrer des personnes que vous ne connaissez pas et qui potentiellement peuvent vous ouvrir d'autres portes à leur tour. En résumé, grâce aux recommandations, vous passez de votre réseau direct au réseau indirect.

Votre réseau direct est en général composé d'anciens élèves de votre école, de camarades de promotion, d'anciens collègues, de clients, de journalistes et autres personnes que vous avez rencontrées en participant à des tables rondes, des conférences, des master classes, ou encore des membres de clubs féminins par exemple auxquels vous avez adhéré – et si vous ne l'avez pas fait, pensez-y, car c'est un très bon outil pour la démarche réseau.

Que pouvez-vous demander à votre réseau ?

Vous pouvez tout demander sauf un job. C'est vraiment l'erreur à ne pas commettre. Que vous soyez en transition professionnelle, en recherche d'emploi active ou en réflexion, vous souhaitez rencontrer des professionnels pour bénéficier de leurs conseils, récolter de l'information et vous faire connaître sur le marché que vous ciblez.

En fonction du contexte et des circonstances, vous pouvez solliciter :

— des conseils sur la façon d'approcher un secteur, un univers professionnel dont vous ne maîtrisez pas les codes ;
— de l'information sur un métier ;
— des conseils sur votre stratégie d'approche du secteur, du marché ;
— un avis sur votre ciblage ;
— un œil expert sur votre vision quant à l'évolution d'un secteur précis ;
— la validation de votre projet.

Je vous donne quelques exemples de formulation de requêtes : vous sollicitez des conseils, avis d'experts, mais vous ne demandez pas un poste.

« Je suis en cours de repositionnement professionnel et j'aimerais exercer le même metier que vous. Pourriez-vous me donner des conseils quant à la bonne démarche pour y arriver ? »

« Je désirerais exercer mon métier dans le même secteur que vous et, à ce titre, j'aimerais bénéficier de votre vision d'expert. »

« Je connais bien le secteur A, mais je souhaite réorienter ma carrière dans un autre domaine que vous connaissez bien. J'aimerais beaucoup avoir vos conseils pour affiner mon approche. »

Ces entretiens sont très importants pour entretenir et développer son réseau professionnel, qui, avec la formation continue, est une clé essentielle de l'employabilité après 45 ans.

Mon conseil :

- *Préparez vos entretiens réseau. Vous aurez en général 45 à 50 minutes d'entretien. Votre ratio de parole doit être de 80/20 : 80 % pour votre interlocuteur et 20 % pour vous. C'est vous qui prenez la main au début en proposant un déroulé d'entretien et ensuite c'est votre interlocuteur qui parle.*

- *Ayez un pitch de présentation clair, précis, concis (2 minutes au plus).*

- *Reprenez la main à la fin de l'entretien pour solliciter des recommandations et obtenir des contacts pour élargir votre réseau.*

- *Faites un suivi de votre entretien : remerciez par e-mail dans les 24 heures, tenez au courant votre interlocuteur des rendez-vous que vous obtiendrez grâce à ses recommandations, donnez régulièrement de vos nouvelles, envoyez-lui des informations pertinentes vous concernant (participation à des tables rondes, conférences...).*

→ Astuce senior : comment parler de vos réalisations et de vos expériences de façon projective

Un des écueils majeurs quand on est senior et qu'on cumule les années d'expérience, c'est d'être enfermée dans son passé et d'apparaître donc comme peu adaptée aux changements, à la nouveauté. Pas question pour autant de gommer votre passé. Gardez en tête que **le passé éclaire l'avenir.** Ce que cherchent les recruteurs et D.R.H., c'est à éviter les erreurs de casting et à être rassurés sur votre capacité d'intégration à des équipes nouvelles, parfois plus jeunes, à vous adapter aux changements, à des modes d'organisation moins pyramidaux et plus matriciels… Utilisez votre passé pour mettre en avant vos réalisations concrètes en présentant les enjeux et la situation, les tâches et les missions que l'on vous a assignées, les actions mises en œuvre, et les résultats concrets et chiffrés si possible. Et concluez en soulignant la ou les compétences que vous avez acquises à cette occasion.

Si vous avez plus d'une vingtaine d'années d'expérience, écourtez vos faits d'armes des premières années et concentrez-vous sur vos expériences les plus récentes. Évitez le syndrome de l'ancienne combattante !

Quant à vos erreurs ou échecs, vous pouvez tout à fait en parler à partir du moment où vous avez pu en identifier l'origine et en tirer des leçons positives pour éviter leur reproduction.

Comment passer à l'action, quel que soit votre objectif ?

Que faire si...

— Vous souhaitez asseoir votre position dans votre entreprise ?
— Vous manquez de reconnaissance dans votre job ?
— Vous voulez bouger et rester dans votre secteur d'activité ?
— Vous êtes au chômage ?
— Vous voulez vous reconvertir ?
— Vous souhaitez vous lancer dans l'entrepreneuriat ?

Quelle que soit la situation, je vous donne mes conseils pour passer à l'action.

→ ÉTAPE N° 1 : FAIRE LE POINT

Cette première étape est super importante, et pour la mener à bien je vous propose 2 outils d'orientation efficaces et pragmatiques.

• Le SWOT (forces-faiblesses-opportunités-risques)

C'est l'exercice roi pour préparer le terrain de tout changement de vie ou d'orientation. Il s'agit tout simplement de passer en revue le plus lucidement possible ses forces, faiblesses, opportunités et risques. Vous pouvez le faire seule ou accompagnée par un coach.

Le principe est simple : vous prenez une feuille de papier que vous divisez en 4 carrés et vous passez en revue en vous plaçant sous un angle professionnel (il s'agit de votre activité professionnelle et non de votre vie privée) :

— **Vos forces :** ce que vous savez faire. Vos compétences, celles qui sont valorisées aujourd'hui sur le marché du travail. Ce que vous aimez faire et que vous faites bien.
— **Vos faiblesses** ou, dit autrement, vos zones de fragilité : là où vous ne vous sentez pas complètement à l'aise et où vous sentez que vous

pouvez progresser si c'est utile pour votre chemin professionnel, ou au contraire des compétences qui vous manquent et dont l'absence est rédhibitoire pour aller vers tels ou tels secteurs d'activité.

— **Vos opportunités :** qu'est-ce que cette nouvelle fonction, métier, reconversion, entreprise, secteur d'activité, va vous apporter en termes d'expression de votre potentiel ?

— **Vos risques :** ils sont consubstantiels à tout changement, mais en avoir conscience est essentiel pour savoir les gérer ensuite. Perte de niveau de vie (momentanée ou constante), situation familiale (enfants à charge, frais de scolarité, situation professionnelle du conjoint), surface de l'épargne disponible, limites physiques, psychologiques, financières... Plus vous serez à même de lister les risques, meilleures seront vos projections, et plus vous serez à même de décider et de gérer le risque.

● Le bilan de compétences

Bien souvent, son appellation induit en erreur. J'ai rencontré de nombreuses personnes qui refusaient de le faire, pensant que c'était un contrôle de connaissances, de compétences. Ce n'est pas l'objet de cet outil. Il n'y aura ni interro écrite ni Q.C.M. ! Son rôle est de vous aider à faire le point à un instant T sur votre carrière pour imaginer la suite, que cela soit en termes de formation complémentaire ou de reconversion professionnelle.

La réalisation d'un bilan de compétences est un outil précieux pour mieux cerner votre profil professionnel, anticiper votre avenir ou préparer un nouveau projet de carrière. Le bilan de compétences vous aidera à mieux vous épanouir au travail, en tenant compte de votre personnalité, de vos aptitudes, de vos compétences, et des débouchés existants.

En réalisant un bilan de compétences, vous pourrez :

— prendre du recul sur votre situation professionnelle, la débloquer, la relancer, ou tout simplement la conforter ;

— réfléchir à vos envies et à votre avenir ;

— développer votre confiance en vous par une meilleure connaissance et acceptation de vos forces et de vos faiblesses ;

— vous découvrir de nouveaux intérêts, motivations ou perspectives professionnelles ;
— prendre en main votre carrière et anticiper son évolution sans la subir ni vous laisser surprendre par le cours des évènements ;
— vous épanouir au travail et réussir avec un projet professionnel concret et un plan d'action précis.

→ ÉTAPE Nº 2 : CONSTRUIRE SON PROJET PROFESSIONNEL

Conserver son employabilité, rester « bankable », c'est prendre de l'avance sur son métier, son secteur d'activité. C'est **garder la main sur le rythme et se positionner dans l'énergie de la victoire** plutôt que celle de la passivité, anticiper pour ne pas subir. Être lucide sur la force et l'emprise de l'âgisme sur le marché du travail pour rester éveillée et le plus possible maître du temps. C'est à nous de donner le rythme.

Toute reconversion, changement d'activité, de poste, de périmètre de responsabilités, d'entreprise, doit être anticipé, préparé, évalué avant sa mise en place.

Comme le souligne Philippe Douale, coach en reconversion professionnelle, veillez à ce que votre projet professionnel soit clair, précis, unique, réaliste et réalisable.

— Clair : vous pouvez l'expliquer simplement.
— Précis : si vous êtes trop généraliste, vous risquez de passer inaperçue.
— Unique : votre proposition de valeur doit vous permettre de vous démarquer et d'attirer l'attention.
— Réaliste : vouloir devenir astronaute à 45 ans passés sans aucune expérience dans l'aviation civile ou militaire risque d'être délicat.
— Réalisable : quel timing vous donnez-vous ? Quelles sont les étapes ? De quoi avez-vous besoin pour réussir (formation, réseau…) ?

Changer de vie sur un coup de tête, juste parce que notre patron nous insupporte ou que nous ne savons plus quel sens donner à ce que nous faisons, peut s'avérer aventureux dans un contexte professionnel qui ne valorise pas forcément la mobilité.

Voici les 3 questions à vous poser pour vous aider sur ce chemin que j'ai moi-même parcouru.

- Pourquoi voulez-vous changer de vie ?
- Quelle est l'émotion sous-jacente à ce changement de vie ?
- Dans quel contexte intervient ce désir de changement de vie ?

1 Pourquoi voulez-vous changer de vie ?

Changer de métier ou d'activité est une chose, mais changer de vie peut aller de pair ou pas avec ce changement. Tout dépend de l'ampleur que vous souhaitez donner au changement. Changement de job ? De métier ? De région ? De pays ? Besoin d'acquérir des compétences complémentaires ou non ? De formation ?

Tout projet de changement de vie, que cela soit une reconversion professionnelle ou une volonté de changement de vie plus drastique, commence par un travail introspectif dont l'objectif est de répondre à la question : « Pourquoi je veux faire ça ? »

Ce « pourquoi » est essentiel, car il vous permet de toucher au sens profond de votre démarche. Nous trouvons de la satisfaction dans notre vie quand elle est connectée à notre « pourquoi », au sens profond et supérieur qui nous anime, nous motive, nous entraîne.

Comment trouver notre « why », notre « pourquoi » ?

J'ai listé quelques questions qui peuvent vous aider, vous mettre sur la voie de cette introspection nécessaire :

- Qu'est-ce qui me motive à me lever le matin ?
- Quand est-ce que je donne le meilleur de moi-même ?
- Qu'est-ce qui me rend unique, différente aux yeux des autres ? Et à mes propres yeux ?

— Qu'est-ce qui me nourrit ?
— Où réside ma singularité ?

C'est le fameux *Ikigai* japonais.

→ Qu'est-ce que l'*Ikigai* ?

En japonais, « iki » signifie vie et « gai » ce qui vaut la peine. L'*Ikigai* est donc l'équivalent de la raison d'être d'un individu, ce qui lui donne envie de se lever le matin avec enthousiasme. C'est ce qui nourrit la joie de vivre. Cela peut être des motivations liées au travail, à la famille, à l'identité sociale ou à la poursuite de la réalisation de soi. C'est une mission de vie dans laquelle s'épanouir et apporter aux autres. Il parle de la place où l'on se sent bien, aligné avec soi.

L'*Ikigai* est une méthode pragmatique de réalisation de soi qui repose sur la conjonction de 4 forces issues de la psychologie positive :

- Ce que vous aimez faire.
- Ce pour quoi vous êtes douée.
- Ce pour quoi vous pouvez être payée.
- Ce dont le monde a besoin.

Avec cette méthode, on capitalise sur ses forces sans omettre les freins plutôt que de travailler sur le négatif.

→ Les 2 étapes pour trouver son *Ikigai*

ÉTAPE 1 : Posez-vous avec une feuille et un stylo et remplissez pour chaque cercle une liste aussi précise que possible. Plus vous aurez d'idées, plus cette première étape sera fructueuse.

- **Ce que vous aimez faire :** replongez-vous dans votre enfance, adolescence, dans vos goûts naturels, quels qu'ils soient, même les plus farfelus ! Il est important dans cette étape de faire abstraction du regard et de l'influence d'autrui. Concrètement : que continueriez-vous à faire si vous étiez millionnaire ?
- **Ce pour quoi vous êtes douée :** nous avons toutes un et même plusieurs talents ! L'organisation, la spontanéité, l'humour, la cuisine, l'écoute... Quels qu'ils soient, prenez soin de lister les vôtres. Et si vous séchez, demandez aux personnes proches et bienveillantes pour quelles raisons elles apprécient être/travailler avec vous.
- **Ce pour quoi vous pouvez être payée :** il s'agit concrètement de vos connaissances et compétences acquises durant vos études, et de vos expériences professionnelles qui ont une valeur sur le marché du travail (= votre salaire). Ici également, soyez aussi précise que possible !
- **Ce dont le monde a besoin :** le monde, la société, les autres... Concrètement, à quoi aspirez-vous à contribuer, même si cela n'est « qu'à » votre échelle ? Qu'est-ce qui vous crée de l'indignation ou de l'émotion ? Qu'aimeriez-vous pouvoir changer ?

ÉTAPE 2 : Vous avez désormais une liste pour chacun de vos 4 cercles, bravo ! N'hésitez pas à la compléter au fil des jours si des nouveautés vous apparaissent.

Maintenant, prenez du recul sur ce que vous venez de noter et essayez de trouver quelles peuvent être les correspondances. Pas forcément sur chacune des idées, mais essayez de remarquer les points communs, le fil conducteur.

L'objectif est désormais d'essayer de trouver le dénominateur commun en une phrase, un mot peut-être ou une expression qui corresponde le mieux à votre *Ikigai*.

Cette seconde étape est difficile et il est totalement normal que la réponse ne vous apparaisse pas du premier coup. Il faut que cela infuse.

L'*Ikigai* est une démarche qui nécessite patience, persévérance et sincérité. Elle demande un exercice d'introspection qu'il n'est pas toujours aisé de réaliser seule face à soi-même. C'est typiquement sur ce type de sujet qu'un coach professionnel peut vous être utile, pour vous aider à mener à bien ce travail d'introspection.

Donnez-vous un peu de temps, mais revenez-y régulièrement jusqu'à l'avoir trouvée… cela en vaut la peine !

2 Quelle est l'émotion sous-jacente à ce changement de vie ?

Fermez les yeux, concentrez-vous sur ce que vous ressentez dans votre corps.

— Quelle est l'émotion dominante ?

— Est-ce une émotion positive qui vous pousse à aller de l'avant, un « oui » à une proposition, une opportunité, une ouverture…

— … ou au contraire une émotion négative liée à une perte, à une porte qui se ferme, à un refus, un rejet, une peur ?

— Est-ce un changement voulu ou subi ?

Ce travail préparatoire est très important, en ce sens qu'il va vous permettre de définir le plus précisément possible votre plan d'action. Oui, vous avez besoin de planifier votre changement de vie pour mettre le maximum de chances de votre côté.

3 Dans quel contexte intervient ce changement de vie ?

— Avez-vous une vie trop répétitive ?

— Vous ennuyez-vous ?

— Avez-vous perdu le sens de vos actions ?

— Vous sentez-vous à côté de la vie dont vous rêvez ?

— Avez-vous le sentiment de passer à côté de la personne que vous souhaitez être ?

— Peut-être tout simplement vous sentez-vous étouffée et avez-vous l'impression de vous éteindre à petit feu dans une existence trop réglée, trop répétitive, ennuyeuse ?

“

L’ACTION est la clé fondamentale de tout SUCCÈS.

Pablo Picasso

”

Quelles que soient la ou les raisons pour lesquelles vous souhaitez changer de vie, il est toujours possible de le faire.

Quelle est votre situation personnelle et professionnelle ?

— Vivez-vous seule ou non ?
— Votre conjoint ou compagnon a-t-il des ressources stables et régulières qui pourront compenser votre baisse de revenus ?
— Est-ce un projet partagé ou non dans votre couple ?
— Quelles sont vos ressources financières ?
— Combien de temps pouvez-vous tenir sans travailler ?
— À quoi allez-vous devoir renoncer dans votre mode de vie ?

50 ans, ma roadmap pro

Gérer sa longévité professionnelle requiert de l'anticipation, de la vigilance et de l'implication. Oui, les stéréotypes sur les « seniors » au travail sont profondément ancrés dans la mentalité collective, créent des biais défavorables et nous fragilisent. Pour autant, compte tenu de l'allongement de l'espérance de vie et du recul de l'âge de départ à la retraite, il va être de l'intérêt des entreprises non seulement de conserver les salariés de 45+, mais aussi d'assurer leur épanouissement, de valoriser leurs compétences et expériences.

« Le mental est la clé. »

Le mental, l'état d'esprit avec lequel nous abordons notre seconde partie de vie professionnelle, est clé pour assurer notre visibilité et notre maintien dans l'emploi. Plus vous envisagerez votre seconde partie de vie professionnelle comme une période de déploiement, d'épanouissement et de puissance, plus vous vous montrerez réceptive aux opportunités de mouvement, de changement, disponible pour apprendre et vous former aux évolutions de votre métier, de votre marché, plus vous resterez « bankable ».

— N'hésitez pas à entamer la conversation autour de votre place future dans votre organisation.
— Demandez les formations qui vous semblent importantes pour vous. Les comptes formation sont faits pour ça et si votre entreprise ne veut pas vous financer, regardez du côté des MOOC (*Massive Open Online Courses*), ces formidables cours en ligne dans lesquels on peut pratiquement tout apprendre. Investissez sur vous et pour vous.
— Veillez à entretenir votre réseau professionnel en assistant aux réunions d'alumni, en participant aux conférences, tables rondes, dîners des anciens...
— N'hésitez pas à élargir votre réseau, surtout si vous êtes en questionnement sur votre métier ou marché et que vous avez des désirs d'ailleurs.
— Restez éveillée et pensez à faire des mises à jour fréquentes pour demeurer connectée aux évolutions de votre métier et secteur d'activité.
— Faites un bilan de compétences : c'est un exercice fructueux de remise à niveau de vos paramètres clés.
— Appuyez-vous sur les services d'un coach pour vous aider à définir et éclaircir la suite de votre chemin de vie professionnelle.

Acceptez d'être en évolution permanente, de jouer le jeu de l'évolution, soyez déterminée à exercer votre puissance.

« Peu importe qui vous êtes, d'où vous venez. La capacité de triompher commence avec vous – toujours. »

Oprah Winfrey

PHILIPPE DOUALE. RESTEZ CONNECTÉS, SOYEZ CURIEUX ET ADAPTABLES !

Philippe est expert en évolution professionnelle, LinkedIn et networking. À ce titre, il est la personne adéquate pour nous éclairer sur l'employabilité des seniors aujourd'hui. Je lui ai proposé de répondre à 7 questions qui me semblaient essentielles au regard de notre employabilité.

1/ Quels sont les freins les plus fréquents à l'embauche des seniors ? notamment les femmes ?

En 2022, IPSOS a réalisé une étude très intéressante où d'un côté, ils ont mesuré ce que les candidats seniors estiment être les principaux freins à leur recrutement et, de l'autre, ce que les recruteurs perçoivent comme freins à recruter des seniors. Et devinez, ils ne matchent pas.

Les seniors voient 5 freins à leur recrutement :

1. Le peu de temps dont ils disposent avant la retraite.
2. Leur santé.
3. Leur coût.

4. Leur surqualification.

5. Une faible adaptation aux nouvelles technologies.

Du côté des recruteurs, l'analyse diffère :

1. La capacité d'intégration dans des équipes plus jeunes.

2. Une faible adaptation aux nouvelles technologies.

3. Le temps restant avant la retraite.

4. La santé.

5. Le coût.

6. Une certaine résistance au changement.

Ce qui est intéressant dans ce double classement, c'est que les candidats seniors ont tendance à sous-estimer deux points : l'importance pour l'entreprise de savoir s'adapter aux nouvelles technologies et l'image de résistance au changement qu'ils peuvent projeter.

Philippe souligne combien il est important de bien comprendre les règles du marché du travail actuel, de s'adapter pour composer au mieux avec ces réalités et d'avoir conscience de l'existence de ces freins. Les techniques ont évolué et la part du networking compte entre 70 à 90 % dans le succès de la transition professionnelle.

2/ Comment améliorer l'employabilité des femmes de 50+ ?

Pour Philippe, le salut viendra de nous-mêmes, nous sommes notre propre produit. À nous d'améliorer notre proposition de valeur, notre marketing, notre communication, de rendre le produit attractif et pertinent sur le marché de l'emploi.

Pour ce faire, Philippe nous invite à bosser sur 5 piliers essentiels :

1. La connaissance de soi : notre raison d'être, ce qui fait sens pour nous.
2. Le projet professionnel.
3. Préparer les outils dont on a besoin de façon permanente : présence sur les réseaux sociaux, profil LinkedIn, pitchs, C.V., carte de visite, mini-biographie, réalisations probantes, fiche réseau.
4. Le profil LinkedIn.
5. Se préparer à tous les types d'entretien réseau et de recrutement.

Le conseil de Philippe, qui accompagne de nombreuses personnes sur le marché de l'emploi et particulièrement des seniors, c'est d'investir sur soi, de dépenser de l'argent pour se former, pour construire un profil LinkedIn complet, pour apprendre à jongler avec la démarche réseau, à faire ses pitchs, à définir son projet professionnel...

Ce n'est pas un coût, mais de l'investissement. Il peut être intéressant de chercher à s'entourer d'un expert de la transition professionnelle qui non seulement connaît les techniques classiques, mais maîtrise également les outils modernes digitaux, en particulier LinkedIn et l'intelligence artificielle.

La gestion du temps est importante pour rebondir rapidement. Il y a des spécialistes accessibles qui vous feront gagner beaucoup de temps et rebondir plus vite. Le système D a ses limites. À force de vouloir tout faire seule, on perd une énergie précieuse au risque de manquer des opportunités intéressantes. Pensez à vos comptes formation, aux MOOC accessibles en ligne, aux formations de France Travail (anciennement Pôle Emploi). Il y a une coresponsabilité dans l'employabilité, il faut sortir de sa zone de confort et investir son temps pour soi.

3/ Quelles sont les erreurs les plus fréquemment commises dans la recherche d'emploi des seniors ?

- Erreur n°1 : confondre vitesse et précipitation et se lancer dans l'action sans être vraiment prête. Philippe rappelle que le succès repose sur la préparation, qui est une étape essentielle au succès.
- Erreur n°2 : ne pas avoir un projet clair, précis, réaliste, réalisable et ne pas savoir l'exprimer simplement et de façon concise.
- Erreur n°3 : mal gérer son temps et ne pas savoir gérer ses priorités.
- Erreur n°4 : il s'agit d'une erreur de communication. Les seniors mettent en avant de façon trop forte leurs années d'expérience, leur passé glorieux ainsi que leurs écoles de référence. Ils pensent que c'est un boost dans l'employabilité : comme tout le monde le fait, ce n'est pas un critère différenciant et en plus ça ne communique pas la faculté à s'adapter au changement. C'est contre-productif à tous les niveaux. L'esprit doit être orienté vers le futur et ce qui peut être construit. Parler de sa trajectoire est bien plus pertinent : d'où je viens, où j'en suis et où je veux aller demain.
- Erreur n° 5 : ne pas offrir une image assez digitale.
- Erreur n° 6 : avoir un profil LinkedIn minimaliste, pensant qu'un profil teasing va susciter la curiosité, et avoir un réseau trop restreint (< 3 000).

▶

- Erreur n° 7 : ne pas exprimer suffisamment son enthousiasme pour le poste auprès des recruteurs pendant les entretiens et en suivi d'entretiens.
- Erreur n° 8 : adopter la posture du demandeur d'emploi, qui ferme la porte des entretiens réseau. Ne jamais faire penser à votre réseau que vous allez lui demander un job, vous cherchez des conseils, des informations, à ouvrir des portes.
- Erreur n° 9 : consacrer trop de temps aux chasseurs de têtes.
- Erreur n° 10 : ne pas connaître les bonnes pratiques du networking.

4/ Comment bien utiliser LinkedIn dans sa recherche d'emploi ?

Pour maintenir son employabilité en emploi et en recherche d'emploi, LinkedIn est votre carte de visibilité n° 1.

- Votre profil doit être complet et construit en fonction de vos cibles (sans oublier l'algorithme, qui est votre première cible). Un profil de salarié ou de freelance ne se construit pas de la même façon.
- Une fois votre profil complété, devenez active sur LinkedIn : contacts, posts, partage de contenus, publications...

5/ Comment l'intelligence artificielle peut être une aide efficace dans la recherche d'emploi des seniors ?

L'IA est un formidable assistant pour nous aider à construire nos 5 piliers (définis à la question n° 2). Elle vous permet de gagner du temps, par exemple pour identifier vos compétences et ce qui a du sens pour vous, de nourrir les réflexions notamment dans la construction de votre projet professionnel, de sublimer vos contenus : réalisations probantes, zone info du profil LinkedIn, C.V., pitchs, réponses aux questions difficiles... C'est aujourd'hui qu'il faut monter dans le train de l'IA, car son développement étant exponentiel, demain il sera trop tard.

6/ Après un licenciement, quelles sont les 5 choses à faire pour s'assurer de bien rebondir ?

1. Ne pas confondre vitesse et précipitation. Éviter de prévenir ses contacts immédiatement, sans préparation, que l'on est à la recherche d'un job.

2. Prendre du recul, faire un break et prendre le temps de digérer son licenciement qui est souvent un moment difficile. On doit faire le deuil de son job précédent, et en cas de burn out on prend soin de soi et on consulte un spécialiste.

3. Se préparer à rebondir : investir, se faire accompagner par un expert de la transition professionnelle, améliorer sa connaissance de soi, définir une stratégie de recherche d'emploi, définir son projet, préparer ses outils, gérer ses proches...

4. Activer et développer son réseau professionnel : se rendre visible sur le marché caché de l'emploi, apprendre la démarche réseau et ses outils (pitchs, fiches réseau, entretiens...).

5. Prendre soin de soi : santé mentale et physique, nouvelles routines.

7/ Comment définir un projet professionnel efficace et qui maximise les chances de succès ?

Si on ne sait pas dans quel port on veut aller, alors il faut se faire accompagner pour trouver le chemin, car ce ne sont pas les autres qui peuvent le faire à notre place. D'où la nécessité d'avoir un projet professionnel clair, précis, unique, réaliste et réalisable.

- Clair : que l'on peut expliquer simplement.
- Précis : ce n'est pas « DAF quelle que soit l'entreprise », mais « DAF dans une filiale d'un grand groupe à l'international dans le secteur de l'industrie pharmaceutique avec un chiffre d'affaires entre 100 et 500 millions d'euros ». Surtout ne pas apparaître comme un couteau suisse ou un généraliste.
- Unique : un seul projet, car si on a un plan B, c'est lui qui risque de se concrétiser. Par ailleurs, le profil LinkedIn doit être aligné sur le projet et on ne peut avoir qu'un seul profil.
- Réaliste : en adéquation avec soi-même (personnalité, compétences, raison d'être, talents, parcours, envies, contraintes...).
- Réalisable : en phase avec la réalité du marché du travail. Là, le réseau est clé pour avoir le bon faisceau d'indices afin de définir notamment le niveau de rémunération approprié. Philippe met en lumière un fait essentiel, à savoir que la rémunération n'est pas évolutive à l'infini. Nous avons tous tendance à penser que plus on avance sur notre chemin professionnel, plus notre rémunération doit s'élever. Sauf qu'à un moment, ce n'est plus vrai, elle peut atteindre un palier à partir duquel elle peut redescendre et nous devons nous y préparer.

INSPIRATIONS

En conclusion, l'important pour l'employabilité des seniors est l'adaptabilité à l'environnement qui bouge en permanence, la faculté de s'adapter au changement et aux nouveaux modes d'organisation, l'organisation de la visibilité digitale.

→ **Vous pouvez suivre Philippe Douale sur son site www.orgaphenix.com où vous trouverez un contenu de qualité pour nourrir vos réflexions sur votre chemin de vie professionnelle et votre employabilité.**

CHAPITRE 7

ELLES M'INSPIRENT...

Pour faire tomber les barrières de l'âge, battre en brèche les digues érigées par l'âgisme qui fait de l'âge une discrimination réelle, puissante, créatrice de biais importants sur le marché du travail, spécifiquement pour nous les femmes de 45 ans et plus, rien de tel que les RÔLES MODÈLES. Ces femmes inspirantes, proches de nous, qui ont trouvé chacune à leur façon un chemin pour tracer leur route, définir leur ambition, faire fi de l'âgisme.

J'ai choisi 6 femmes dont les chemins de vie professionnelle m'inspirent. Elles montrent qu'avec détermination, engagement, résilience, créativité et humour on peut avancer et déjouer les biais des cases toutes faites et de l'âge. Volontairement, je les ai choisies avec des parcours et des métiers différents. Toutes ont en commun de refuser d'être déterminées par leur âge et/ou leur condition. Elles avancent, prennent des risques, se rendent visibles et restent éveillées.

Leur point commun passe par leur volonté d'indépendance et d'autonomie financière chevillée au corps ; par leur capacité à beaucoup travailler pour arriver à leurs objectifs, leur capacité à se remettre en question et leur audace, elles osent. Sans tenir compte du regard des autres, elles refusent de rentrer dans des cases préétablies. **Elles jouent pour gagner.**

MES RÔLES MODÈLES

AGATHE LECARON

CAROLINE IDA OURS

JUSTINE PLANCHON

LILI BARBERY

SABRINA HERLORY-ROUGET

SANDRINE ALOUF

Agathe Lecaron - Je suis enfin à ma place !

Agathe est un soleil à elle toute seule. Son énergie et sa joie de vivre sont hyper communicatives. Elle a 1000 vies et aujourd'hui, elle a enfin, dit-elle, accédé à une forme de bonheur et d'équilibre. « Pendant des années, j'ai été trop centrée sur moi, trop rigolote, trop intense. J'étais énergivore et ça me fatiguait beaucoup ».

Au cœur de son équilibre, une vocation qui l'habite depuis toujours, faire de la radio et de la TV. Elle a été une petite fille très seule et pour contourner sa solitude, elle s'inventait des vies différentes. D'un naturel très curieux, tout l'intéressait. Un jour maîtresse d'école, puis actrice dans une série qu'elle a inventée, animatrice radio et TV, elle animait ses journées en rêvant à toutes les vies qu'elle pourrait avoir.

Cela lui a donné le goût de faire, de se jeter à l'eau, d'essayer. Elle ne craint ni la nouveauté ni le changement, elle va là où sa curiosité la porte. Animatrice TV, on la retrouve chaque samedi matin en duo avec Ali Rebeihi à la tête de *Bel & bien* sur France 2, et tous les matins elle dirige de main de maître *La Maison des Maternelles* sur la même chaîne dont elle a créé la version magazine *Les Maternelles*, un trimestriel destiné aux parents qui font de leur mieux. Elle anime 3 podcasts qu'elle a créés, *Ex...*, *Les Rescapés* et *Est-ce que c'est normal ?* pour les ados, sans oublier Ronron, marque de vêtements qu'elle a imaginée comme activité alternative par peur de ne pas pouvoir vieillir à la TV. Oui, elle a de l'énergie et a su transformer une inquiétude en une entreprise.

Agathe est très lucide sur le monde professionnel dans lequel elle évolue, où le jeunisme est très opérant, rendant fragile n'importe quelle position à la TV. L'image est tellement importante qu'elle a intégré qu'elle devait se diversifier pour consolider son indépendance et sa liberté. D'où ses podcasts, son magazine et sa marque de vêtements.

Quand elle parle de son parcours et de comment elle a réussi à trouver sa place, son ancrage, son centre, elle parle de sa timidité qu'elle camouflait par l'humour, une arme puissante pour se faire aimer, exister et être écoutée. « Je me suis excusée toute ma vie d'exister », dit-elle avec une franchise désarmante. À la recherche de sa place, elle encaisse les expériences parfois très dures où elle doit faire face à des critiques violentes sur son physique, son apparence, sa façon de présenter... Elle résiste jusqu'au moment où elle décide d'arrêter de souffrir en essayant de rentrer dans un moule qui ne lui convenait pas.

Grâce à un travail de fond sur elle, « son hygiène mentale », elle prend conscience qu'elle est en dissociation, qu'elle n'a jamais projeté au monde la personne qu'elle est, et qu'elle s'est réfugiée derrière la personne qu'elle pensait devoir être pour être aimée et reconnue, avec un sens hyper fort de la responsabilité. Au fil de sa progression dans la connaissance d'elle-même, elle a réussi à mieux définir où est son ancrage, ce qui la fait vibrer et la nourrit. Elle a assumé qu'elle avait envie de travailler sur des sujets de fond et non plus du divertissement, qu'il était temps de laisser s'exprimer le sérieux qui l'habite.

À partir du moment où elle a laissé s'exprimer ce qu'elle appelle « ma part sérieuse », le vent a tourné, elle s'est révélée et enfin dit-elle « j'ai eu le pouvoir d'avoir de la liberté ». Avant, elle se sentait empêchée. À partir du moment où elle s'est sentie à sa juste place, où elle a compris qu'elle pouvait être aimée sans faire rire, que ce qui la fait vibrer, c'est de faire du bien aux autres, alors plein de choses se sont ouvertes.

Caméléon, elle a mis du temps à devenir elle-même et elle rend hommage à l'amour et au soutien de son mari qui a boosté sa confiance en elle-même.

J'adore quand elle me dit : « J'ai beaucoup travaillé, j'ai réalisé un max de mes rêves de petite fille et je me rends compte que c'est quand je suis vraiment moi que les choses marchent, que j'ai du succès. » Le gain de l'expérience et du travail, c'est le pouvoir de choisir son chemin, ses sujets, son rythme. Maman de deux jeunes enfants (8 et 10 ans), elle a réussi à trouver un équilibre de vie qui lui va.

Éprise d'indépendance depuis toute petite (à 7 ans, elle voulait son permis de conduire et son appartement), elle a conscience de l'importance de diversifier ses activités pour conserver sa liberté et son pouvoir de décision. Elle a construit sa vie de façon que dès que quelque chose ne fonctionne pas, elle fait un pas de côté et hop, elle fait autre chose.

Quand je lui demande comment elle envisage la suite de sa carrière, elle me répond avec un grand sourire : les podcasts. Elle adore la radio, car, dit-elle, « on est libre ». Pour Agathe, le podcast, c'est le média de l'intime où on peut raconter des histoires, donner vie à des récits sans contrainte.

Elle aime faire du bien et aujourd'hui, à l'aube de ses 50 ans, elle est fière de la femme qu'elle est devenue. « Je me trouve plus belle aujourd'hui. Je m'aime mieux maintenant. Je suis à ma place. C'est cool, je suis fière de moi. »

Un conseil à partager ?

Anticiper le mouvement d'après, car nos chemins de vie professionnelle ne sont plus linéaires. Diversifier dans la mesure du possible ses activités, compétences, centres d'intérêt.

Se choisir des modèles pour se réinventer et intégrer qu'on ne naît pas toujours avec des passions. Elles peuvent éclore à tous moments, il faut les booster. Si vous séchez devant votre feuille blanche, réfléchissez à ce que vous faisiez enfant, quels étaient vos jeux préférés, c'est une bonne piste de départ.

→ **Vous pouvez retrouver Agathe Lecaron tous les samedis matin dans l'émission *Bel & bien*, tous les matins dans *La Maison des Maternelles* – les deux émissions sont sur France 2 –, sur Instagram @agathelecaron et aussi écouter ses podcasts, *Ex…*, *Les Rescapés* et *Est-ce que c'est normal ?***

Caroline Ida Ours - L'intuition pour boussole

Caroline pétille de vie, d'enthousiasme et de créativité. Elle est solaire, et anime avec énergie et beaucoup de joie de vivre une impressionnante communauté sur Instagram. Elle parle de tous les sujets sans aucun tabou, elle fustige l'âgisme et s'élève contre l'invisibilisation des femmes de 50 ans et plus. Audacieuse, elle ose et devient l'égérie du « body positive » en défilant pour une marque de maillots de bain, puis en devenant mannequin pour une campagne de lingerie qui a orné nos abribus et bus.

Comment devient-on influenceuse et mannequin « silver » à 57 ans ?

Après un grave problème de santé, Caroline se rend compte qu'elle devient invisible dans son entreprise et qu'il est temps pour elle de partir. Elle n'avait pas un attachement particulier à son travail, qui a toujours été alimentaire. « Le travail, dit-elle, était une nécessité pour élever mes enfants seule. »

Elle décide alors d'ouvrir un compte Instagram (@fiftyyearsofawoman), qui lui apparaît comme une bouffée d'air créatif, sans bien savoir ce qu'elle va y faire. Son ambition est d'atteindre la première année 10 000 *followers*. Et ça a marché.

Sa recette ? Elle a pris la parole de façon authentique, traité tous les sujets féminins non adressés par la presse féminine, enfermée dans un jeunisme excluant pour les femmes de 50+. « Je ne me reconnaissais pas dans les magazines féminins, il n'y avait aucune femme de 50+ dans tous ces magazines. »

Elle se tourne ensuite vers le « body positive », qui lui semble une réponse appropriée pour lutter contre les stéréotypes jeunesse et minceur qui imposent dans l'espace public une vision uniforme de la femme et du corps féminin. Une vision excluante, complexante pour les femmes qui ne correspondent pas à la norme.

Là, elle fait deux choses incroyables : elle défile au salon de la lingerie pour casser les codes et présenter d'autres corps de femmes, ceux que ne montrent jamais les magazines féminins. « On veut nous invisibiliser, dit-elle, eh bien moi, ma réponse, c'est d'aller défiler en sous-vêtements. » Remarquée par la marque de lingerie Darjeeling, elle signe son premier contrat de mannequinat pour cette marque et se retrouve sur tous les abribus, portant haut et fort le message du « body positive ».

Elle ose, Caroline, elle a un caractère, elle prend des risques quand elle pense que le propos est juste, qu'il lui correspond, « qu'il faut y aller », sans prendre en compte le regard des autres. « C'est ce qui me permet d'avancer. Tant qu'on ne fait pas les choses, on ne peut savoir ce qu'il y a derrière. Je ne me pose pas la question des conséquences. Je fais ce qui me semble juste pour nourrir mon combat contre l'invisibilisation des femmes de 50 ans et plus. »

Femme d'intuition, elle a pour ambition de faire du bien aux femmes, de les aider à assumer leur âge et de s'y sentir bien. Elle proclame haut et fort qu'elle aime son âge et que la vie est belle. Son ambition est d'aider les femmes à se sentir décomplexées par rapport à leur âge et bien dans leur peau.

→ **Vous pouvez suivre Caroline sur son compte Instagram @fiftyyearsofawoman.**

Justine Planchon - Je préfère jouer « attaquant »

Du plus loin qu'elle se souvienne, Justine est passionnée par la TV. Enfant éprise de liberté, mal à l'aise dans un système scolaire trop contraignant pour elle, une caméra offerte à l'âge de 9 ans va tout changer et l'amener à être la femme qu'elle est aujourd'hui. Présidente de Mediawan Production, elle pilote 12 sociétés, produit 4000 heures de programmes par an et anime une équipe de 600 personnes.

La recette de son succès, c'est du travail bien sûr, de la persévérance et surtout une passion chevillée au corps pour arriver là où elle se voyait depuis qu'elle a découvert, très jeune, Marine Jacquemin, l'une des premières femmes reporters de guerre qui, dit-elle avec de la lumière dans ses yeux bleus, « exerçait un métier longtemps réservé aux hommes, était courageuse, audacieuse, blonde, petite avec des yeux bleus ». « J'avais envie d'être comme elle. Elle ouvrait la vision du féminin, elle l'élargissait en décloisonnant les univers et moi je respirais enfin en la regardant », se souvient-elle.

Avec sa caméra, Justine commence à raconter des histoires et à construire, chemin faisant, les bases de ce qui deviendra au fil des années sa conviction qu'elle veut en faire son métier. Elle racontera des histoires à la télévision. Elle entame des études de lettres à la Sorbonne pour apprendre à écrire, mais veut surtout se frotter au terrain. Elle obtient un stage dans l'Essonne où elle couvre pour le quotidien local à la fois la politique et les accidents de la N118 le week-end, appareil photo en main. Grâce à sa ténacité et à un coup de pouce de son parrain, elle intègre ensuite en stage l'équipe de Michel Drucker où elle rencontre Françoise Coquet, productrice et binôme de l'animateur star depuis toujours.

C'est une rencontre décisive qui lui donne le goût pour le métier qu'elle exerce depuis et toujours aujourd'hui, à savoir productrice de contenus pour la TV et par extension pour toutes les plateformes audiovisuelles. À la tête d'une mini-startup, ce qu'était une émission de TV comme *Vivement dimanche*, Françoise Coquet devient l'emblème pour Justine de l'entrepreneuriat et du succès au féminin, de l'autonomie et de l'indépendance. « Elle ne dépendait de personne, j'étais fascinée », dit-elle.

Puis vient la rencontre avec Alexia Laroche-Joubert, productrice de la *Star Academy* chez Endemol, et créatrice du concept de télé-réalité à la française ; suivie par celle de Florence Duhayot, directrice générale de Studio 89 (groupe M6), des « rôles modèles » essentiels qui l'ont aidée à construire son chemin de vie professionnelle, à apprendre son métier de fond en comble et à se forger une solide expérience qui incitera Pierre-Antoine Capton, actuel président du groupe Mediawan, à la recruter chez Troisième Œil, sa société de production, patient zéro de l'actuel groupe Mediawan.

Leur premier fait d'armes sera d'installer une femme, Alessandra Sublet, aux commandes d'une émission d'information et de divertissement à une heure de grande écoute, tellement stratégique pour les chaînes de TV. *C'est à vous* est née et demeure aujourd'hui (quinze ans après sa création) un des piliers de France 5 avec toujours une femme, Anne-Élisabeth Lemoine, à sa tête.

Il y aura de nombreux autres concepts d'émissions originales, tant Justine place la créativité et l'inventivité au cœur de son métier et de son ambition. Ce qui la motive, c'est d'inventer des histoires, de créer des imaginaires projectifs qui fassent du bien, qui ouvrent les esprits.

Femme de conquête, elle est audacieuse, sait prendre des risques et faire preuve d'endurance et de résilience pour faire aboutir ses projets. C'est en suivant son intuition et en osant remuer ciel et terre qu'en 2017, elle a su convaincre un nouveau venu en politique de suivre de l'intérieur la campagne présidentielle. Quand il a été élu président de la République, elle était la seule à avoir les coulisses de l'élection « vue de l'intérieur par le nouveau président élu ». Ce documentaire diffusé sur TF1 et Netflix a fait le tour du monde et a fini de construire sa légitimité à la tête de Troisième Œil.

Son ambition repose sur ses convictions et sur sa capacité à s'indigner, qui lui permettent de construire des récits alternatifs puissants, différents de ceux qui sont en place. Oui, on peut avoir des femmes à l'antenne à la tête d'émission aux heures de grande écoute, oui, on peut être maman et diriger une entreprise de 600 personnes, oui, on crée sa légitimité à travers ses actions et ses réalisations, oui, on peut donner sa chance à celles et ceux qui doutent à un moment donné, pensant ne pas remplir les cases attendues. Justine est une femme entière et inspirante qui donne envie à son tour, elle est un « rôle modèle ».

→ Vous pouvez suivre Justine sur LinkedIn.

Lili Barbery - Rester libre de partir...

Je connais Lili depuis de nombreuses années et ses 1000 vies me fascinent. Elle a une capacité incroyable à se réinventer et une passion assumée pour l'indépendance et la liberté qui lui vient de son enfance, de son éducation. Être autonome, ne dépendre de personne, savoir se débrouiller seule et ne pas déposer sa sécurité ou sa réussite financière entre les mains d'un homme sont des marqueurs clés de son parcours professionnel.

Ancrées en elle très jeune, ces valeurs d'indépendance, d'autonomie, de liberté dans ses choix, ont guidé son ambition. « Ce qui a été déterminant dans mes choix professionnels, c'est de m'assurer que je pouvais partir à n'importe quel moment et donc quand je décide de rester, c'est pour de bonnes raisons », dit-elle. Elle est convaincue que ce qui motive l'ambition, ce n'est pas le genre, mais plutôt l'histoire personnelle, les épreuves traversées et la personnalité avec laquelle on naît.

Lili associe de façon très forte son ambition à sa volonté de rester libre, à son désir de pouvoir partir quand la situation ne lui convient plus. Refusant les promotions et les élévations hiérarchiques qui lui ont été proposées, elle choisit l'entrepreneuriat. Professeure de yoga, elle anime aussi son blog, sa chaîne de TV – Lili Barbery TV – et son podcast, le podcast *Lili Barbery*, ainsi qu'une imposante communauté sur Instagram.

Pour choisir ses projets, elle a une méthode simple et efficace qui est de passer chaque projet au tamis : « Est-ce que c'est vraiment ce que je veux pour moi ? Et derrière le JE VEUX, je m'interroge sur l'origine du désir : est-ce le mien ou ce que les autres veulent pour moi ? Ce qui me valoriserait à leurs yeux ? Est-ce pour assurer ma sécurité financière ? Toutes ces raisons sont dignes d'être écoutées. Mais si le moteur est la gratification extérieure, mieux vaut en être conscient, car en général ce moteur conduit droit dans le mur. »

Elle dresse une cartographie précise de là où elle veut aller en écoutant les signaux de son corps. C'est sa méthode pour gérer les mille idées et envies qui mijotent sur le piano de sa cuisine ! « Si, explique-t-elle, je sens quand je pense au projet que je suis tendue, que j'ai le ventre qui se noue, que je vois prioritairement les problèmes et obstacles devant moi, alors si je peux encore renoncer, je dis non. Et je vais chercher à comprendre quand je me suis trompée, quels signaux je n'ai pas vus ou entendus. »

Son moteur d'ambition est son désir. Pas si simple à entendre, et ce qui l'aide à voir clair, à lever les doutes, ce sont ses outils de méditation et de yoga dont elle a acquis la maîtrise avec patience, rigueur, discipline et implication. J'ai été le témoin d'une petite partie de ses apprentissages. Lili travaille dur, très dur, pour se donner les moyens d'accomplir son désir. Je le souligne car la liberté s'acquiert le plus souvent grâce à un travail approfondi, à une discipline et à une volonté puissante. Je suis très admirative de son courage et de sa puissance de travail. Elle sait se donner les moyens d'arriver là où elle visualise sa place. Et elle pointe l'importance de savoir pourquoi on fait les choses.

« Sans intention claire, dit-elle, on conduit sans volant. Le pourquoi on décide de faire quelque chose est capital : pourquoi est-ce si important pour moi de réaliser ce projet ? Qu'est-ce que ça sert ? La peur de manquer, de ne pas être reconnue, de disparaître ? Ou la joie ? »

L'âge ne lui fait pas peur. Elle voit qu'elle vieillit, que de nouveaux signes apparaissent sur son visage, qu'elle accueille comme autant de promesses de changements, de nouveaux cycles. Elle se protège des narratifs dépressifs ambiants sur la ménopause et l'âge, car dit-elle : « Je ne veux pas absorber un narratif qui n'est pas le mien, qui ne fait pas du bien. Je refuse de m'attendre au pire. Un athlète ne se prépare jamais au pire quand il prépare une compétition. Chacun vit les choses à sa façon. »

Lili se méfie de la puissance de l'induction. À force d'intégrer de multiples messages extérieurs, on finit par être embuée et ne plus savoir où on se situe sur l'échiquier. « J'ai conscience, dit-elle, que l'âge et la ménopause peuvent être difficiles, mais je ne pense pas qu'anticiper le pire va me soutenir. J'entre dans un âge où je risque d'être déclassée, mais je peux aussi en faire l'opportunité d'un nouveau tournant. Je vais continuer à faire les choses en restant libre, à l'écoute de mes désirs. Si je suis à la fin d'un cycle, alors cela signifie qu'une nouvelle page est à écrire, je m'y prépare. »

Lili refuse de croire aux récits dominants. Elle pense que la vie est pleine de surprises et refuse de se fermer à ce mystère-là. Quand elle doute ou qu'elle a peur d'un nouveau changement, elle se remémore le chemin parcouru dans les moments les plus difficiles, liste ses ressources intérieures et s'apaise. Elle pense à toutes les femmes de plus de 50 ans qu'elle admire et qui ouvrent le chemin pour celles qui doutent. Elle voit cette seconde partie de vie comme un nouveau cycle, le début de quelque chose de nouveau où il y aura forcément du positif. « Je verrai ce qui est bien pour moi. Je me répète souvent : au fond, ça va aller, ça finit toujours par aller. »

Oui, le jeunisme est une réalité partagée par tous à partir de 50 ans et dont elle a parfaitement conscience, car dans ses cours de yoga elle rencontre beaucoup de femmes ménopausées qui souffrent d'avoir été mises à l'écart dans le travail, tout comme les hommes du même âge qui les entourent. Elle est époustouflée par toutes celles qui réussissent à se réinventer malgré la pression extérieure. Loin d'être d'une nature nostalgique, Lili est stimulée par l'exploration, la curiosité, la découverte, la nouveauté. Pour elle, l'âge n'est pas un marqueur, même s'il informe d'une réalité biologique. « Ce sont les enfants qui datent leurs parents », ajoute-t-elle en souriant, « ils ont la capacité de nous rendre préhistoriques en un seul regard. »

Et si la recette pour continuer après 50 ans à se développer, à nourrir son chemin professionnel, était d'éviter de figer les récits, d'accepter de regarder l'âge des femmes autrement en se demandant si finalement on ne participe pas nous aussi au jeunisme ambiant en refusant de montrer l'âge tel qu'il est ? Mais sommes-nous capables d'apprécier l'âge tel qu'il est ? D'accepter des corps différents dans une époque où la jeunesse reste la valeur de référence ? Il y a encore du chemin à parcourir.

→ **Vous pouvez suivre Lili sur son compte Instagram @lilibarbery, sa chaîne de TV lilibarbery.tv et son blog lilibarbery.com.**

Sabrina Herlory-Rouget - Je suis en éveil permament

Sabrina est une femme d'action qui aime par-dessus tout le réel et la résolution des problèmes. Le faire est sa marque de fabrique et plus particulièrement le faire avec excellence. CEO de la société Aroma-Zone, très investie dans la Maison des femmes de Saint-Denis avec Ghada Hatem et l'association Toutes à l'école aux côtés de Tina Kieffer, maman de jumeaux, elle se définit « comme un 4x4 tout-terrain » : « Je peux tout faire. J'ai l'habitude d'être en dehors de ma zone de confort. Je n'ai pas peur de foncer et de faire. Je ne mens pas sur qui je suis et je suis alignée avec moi-même. J'affiche la couleur. Donc partant de là, je ne souffre d'aucun syndrome d'imposture. C'est quand on cache quelque chose de soi qu'on est mal à l'aise. »

Elle revendique l'ambition et le féminisme : l'ambition qu'elle définit comme la « réalisation de ses potentialités », rappelant au passage que c'est la définition du dictionnaire, et le féminisme en tant que revendication pour l'égalité des droits et des options.

Exigeante, déterminée, elle est animée par une énergie et une volonté insatiables. Elle croit dans la force du travail pour créer son chemin de vie envers et contre tout déterminisme. Elle souligne l'importance de la confiance en soi pour tracer sa route sans tenir compte du regard des autres. « J'ai beaucoup d'amour dans ma vie, ce qui me donne accès à une grande confiance. Je me suis rendu compte que quand tu n'as pas tout dès le départ, être différente, singulière, te permet d'exister. Cultiver une singularité permet d'imprimer, même si c'est polarisant. Je n'ai jamais cherché à être dans la moyenne. J'avais en moi de l'exigence et de l'ambition. Je ne voulais pas me contraindre en endossant un masque pas à moi. Cela aurait diminué ma force pour agir. Après, il s'agit de faire et de transformer. On s'émancipe par la réussite et la transformation des essais. »

Son appétit de vie l'empêche de s'endormir et elle prend avec beaucoup de lucidité et recul ses succès, car, dit-elle, « on meurt en s'endormant ». Une de ses grandes forces est de savoir saisir chaque opportunité qui passe pour la transformer en une expérience positive, motrice, car, me glisse-t-elle : « J'ai horreur du gâchis. »

Depuis toujours, elle gère son image, son « personal branding » si important pour défendre sa singularité et sa visibilité. « Ma singularité est un acte de revendication et un accélérateur de vie dont j'ai eu conscience assez tôt dans ma vie professionnelle. Je veux incarner un féminin qui me correspond. Je refuse qu'on m'assigne à résidence et qu'on m'aseptise. »

Elle insiste sur l'importance de la sororité féminine, qui demeure insuffisante. Les hommes se cooptent entre eux, ils se recommandent, se soutiennent, les femmes le font moins et cela nous ralentit dans notre progression, dans notre acquisition du pouvoir et de la puissance.

Les « rôles modèles » sont très importants, ils autorisent l'identification et donc la projection. Ce qui ne se voit pas n'existe pas. Nous avons besoin de modèles qui donnent envie de déployer son potentiel. Plus il y aura de femmes qui affirmeront leur confiance en elles, qui revendiqueront leur ambition et qui tendront la main aux autres femmes pour les aider à franchir le cap, leur donner envie de rayonner, plus les femmes progresseront et affirmeront leur puissance. « Être puissant, c'est faire le bien autour de soi, aider les autres », souligne-t-elle. Et c'est vrai que parmi les nombreuses qualités de Sabrina, la générosité tient une place très importante. Elle a une grande qualité et disponibilité d'écoute. Et j'ajouterai qu'elle n'a pas son pareil dans le maniement de l'humour, qu'elle utilise avec beaucoup de finesse : « C'est une arme extra, l'humour, tu désarmes tout avec l'humour. »

Sabrina est clairement un « rôle modèle » qui motive, embarque et booste ses équipes et les femmes qui croisent son chemin. Elle invite les femmes à refuser « l'empêchement féminin », à « ne jamais s'endormir », à se faire confiance, à refuser les cases préétablies, à choisir leur chemin de vie professionnelle et à assumer avec volonté, détermination et constance leur ambition. Nous avons des ressources insoupçonnées, utilisons-les pour avancer.

→ **Vous pouvez suivre Sabrina sur son compte Instagram @sabrinaherlory.**

Sandrine Alouf - J'ai inventé ma case !

Belgo-libanaise, Sandrine a une solide colonne vertébrale qui passe par l'indépendance, le refus des cases préétablies. Elle veut sortir du cadre, de là où on l'attend, de là où on la prédestine, car on nous prédestine encore plus nous, les femmes. Elle aime ouvrir les portes.

« Ma chance, dit-elle, c'est qu'à force d'être assise entre deux cultures, c'est comme quand tu es assise entre deux chaises, à un moment tu as mal aux fesses et tu te lèves ! Et tu construis ton chemin. »

Conservatrice de musée en Belgique, elle arrive à Paris à 29 ans sur les conseils de sa grand-mère, et là, douche froide ! Elle est confrontée à des regards d'interrogation perpétuelle sur qui elle est et pourquoi elle n'a pas structuré sa vie avec quelque chose de plus solide, tangible. Or Sandrine aime évoluer en fonction de ses rencontres et des opportunités qu'elles créent. À Paris, les gens ne comprennent pas vraiment ce qu'elle fait. Photographe, mais aussi commissaire d'exposition, créatrice d'évènements, son éclectisme ne remporte pas un franc succès. On la traite fréquemment de « touche à tout, touche à rien » tellement elle ne rentre pas dans une case simple.

Heurtée, vexée, elle se rend compte qu'il est difficile d'échapper à la case.

Alors, elle décide d'inventer son métier, d'inventer une case dans laquelle elle peut faire ce qu'elle veut. Donc elle s'autoproclame « Atmosphériste » en souvenir de sa grand-mère, femme d'exception qu'elle adorait, qui lui a laissé comme message « sur terre comme au ciel, je serai toujours là ». Sandrine, pour lui rendre hommage, décide de mettre le ciel sous terre ! À partir de toutes les photos de ciel qu'elle réalise depuis toujours, elle a l'idée de transformer une station de métro en nuages. Après moult tentatives, elle réussit à présenter son projet à la RATP. Et repart avec un OK de principe, sachant qu'elle devait trouver les sponsors pour financer le projet. Elle parvient à convaincre Air France de sponsoriser ce projet et la station Luxembourg s'est ainsi transformée en nuages. Projet magnifique dont elle est super fière : initialement programmé pour durer six mois, il est resté un an, déclenchant un engouement du public. Et d'un architecte qui la contacte pour lui acheter ses nuages pour un hôtel sur lequel il travaille. Elle refuse et lui propose, plutôt que d'acheter des nuages, de dormir dans un nuage. Intrigué et séduit, il accepte, donnant naissance à une chambre en lévitation dans un nuage. L'aventure de Sandrine Atmosphériste est lancée. Elle a créé des atmosphères dans plus de 25 hôtels en dix ans, dessiné des papiers peints, des lampes, des tapis, continué la photo… Elle a ainsi pu mettre dans sa case d'Atmosphériste tous les ingrédients dont elle avait envie, toutes les activités qui nourrissent sa créativité et curiosité.

Le dénominateur commun de tous ses projets, c'est de regarder les choses autrement, de faire ce pas de côté qui donne un éclairage différent, particulier.

C'est toujours cette volonté du regard différent qui l'anime aujourd'hui quand elle s'engage contre l'âgisme, qu'elle bat en brèche allègrement, en nous invitant avec humour et créativité à porter sur l'âge un autre regard.

Femme d'engagement, fondatrice du collectif C'est pas demain la vieille (CPDLV), elle aide les femmes à ne pas avoir peur de vieillir, y compris les jeunes femmes. Elle veut changer le regard que nous portons collectivement sur l'âge et les biais engendrés par ce regard négatif, elle veut participer au mieux-être de la société et plus particulièrement à celui des femmes.

Pour elle, vieillir est une chance et elle a à cœur de montrer qu'on peut avoir de grands rêves à tous âges, que l'ambition n'a pas d'âge et que nous ne sommes pas définies par notre âge. Consciente qu'à partir d'un certain moment (50 ans en général), on interdit aux femmes de rêver, elle milite au contraire pour promouvoir le nouveau souffle qui s'offre à nous. Sandrine nous invite à « oser rêver », car nous sommes la première génération pour laquelle 50 ans est vraiment la « mi-vie », la moitié de notre vie d'adulte, ce qui nous ouvre une plage importante pour faire plein de choses. C'est le bon moment pour faire ce dont on a envie. Sandrine aime par-dessus tout stimuler les femmes, les inciter à nommer leurs rêves, étant convaincue que pour que quelque chose existe, il faut le nommer, lui donner de la place. « La pensée est créatrice », dit-elle.

Elle nous donne des clés pour réfléchir et accéder à nos rêves. Elle est persuadée qu'il faut ouvrir les potentiels, oser aller là où on n'a pas été, quelle qu'en soit la raison. « L'audace paye », affirme-t-elle avec un grand sourire qui illumine le bleu profond de ses yeux.

Elle nous invite à refuser d'être limitées pour prendre pleinement conscience de notre potentiel et de notre puissance. Elle définit l'ambition féminine comme une envie d'inscrire son histoire de vie dans une dimension qui dépasse la simple personne. L'ambition pour Sandrine n'est ni un égoïsme ni une ascension linéaire, ce n'est pas une flèche qui monte vers le haut, mais plutôt des ronds qui s'agrègent pour rouler ensemble. Il y a une dimension profondément humaine dans sa vision de l'ambition complètement reliée à notre histoire de vie. Elle invite les femmes à avoir l'audace de leurs rêves, à avoir de grands rêves sans limites. Ce n'est pas grave d'échouer, c'est le tremplin du succès futur et il n'y a pas de grandes réalisations sans échecs préalables. Elle fait sien le mantra de la Silicon Valley, « fail fast, fail better, fail forward », qui communique cette notion d'avancer, de mouvement vers soi.

« Aujourd'hui je suis à ma place », dit-elle pour clore notre entretien.

→ **Vous pouvez adhérer au collectif CPDLV et participer aux séances photos hilarantes et tellement ressourçantes qu'elle organise régulièrement en suivant Sandrine sur les réseaux sociaux et notamment Instagram : @cestpasdemainlavieille.**

« Nous avons encore beaucoup de travail à faire pour créer un monde où les femmes peuvent réussir professionnellement sans faire face à des obstacles inutiles en raison de leur sexe ou de leur âge. »

Mary Barra,
P.-D.G. de General Motors

CONCLUSION

L'ambition n'a ni âge ni sexe et ainsi en va-t-il aussi de notre potentiel et de notre puissance. Bien sûr, l'âgisme et les stéréotypes ont la vie dure et nous nous retrouvons souvent fragilisées à l'approche de nos 50 ans et de la bascule dans la case des seniors. Il nous appartient de refuser cette discrimination liée à l'âge et à notre genre qui grève notre employabilité et notre visibilité. Posons le débat de l'âge dans nos entreprises et refusons la double peine de l'âgisme couplé au sexisme.

Le temps de la révolte active est venu. Oui, nous pouvons assumer notre désir de continuer notre chemin de vie professionnelle en nous épanouissant et en refusant les portes qui se ferment pour ces mauvaises raisons de l'âge. Les entreprises ont besoin de la collaboration, de la coopération et de la mixité intergénérationnelle.

Défendre son employabilité, c'est prendre en main le plus tôt possible notre visibilité professionnelle. Et surtout intégrer que l'adaptabilité est le super-pouvoir de l'avenir. Ne laissez personne vous convaincre que vous n'en êtes pas capable, car c'est archi-faux. Pour toutes celles qui, comme moi, ont commencé leur vie professionnelle sans téléphone portable ni ordinateur, regardez le chemin que nous avons parcouru, nous pouvons être fières de nous !

Conserver son employabilité, être remarquée et remarquable dans son univers professionnel, c'est une des clés essentielles dont nous avons parlé dans ce guide. Au même titre qu'avoir un solide réseau professionnel, faire de ses compétences un levier de confiance en soi en les utilisant pour se projeter avec optimisme dans l'avenir, prendre soin de soi et faire des mises à jour régulières en se formant aux nouvelles technologies, aux nouveaux modes d'organisation, en se montrant ouverte aux changements. Communiquez votre appétence pour la nouveauté en osant sortir de votre zone de confort et investiguer de nouveaux domaines, de nouvelles expertises, de nouveaux modes de management, de nouvelles cultures d'entreprise...

Soignez votre « personal branding », cette subtile alchimie qui vous incite à vous positionner, à communiquer et à gérer votre image de marque. C'est indispensable pour devenir identifiable, repérable, incontournable. Une bonne image bien construite, cohérente et structurée contribue à nourrir votre employabilité.

L'ambition est saine, ne laissez personne vous dire le contraire, juste parce que vous êtes une femme. Musclez votre audace, renforcez votre confiance en vous, apprenez à négocier et à parler argent, ne doutez pas ou plus de votre légitimité.

Autorisez-vous votre puissance et rayonnez ! La vie n'a pas d'âge.

“

CROIRE

en soi,

jouer pour

GAGNER

”

REMERCIEMENTS

Merci à vous mes chères lectrices et chers lecteurs, ma communauté fidèle qui me nourrit et me porte au quotidien.

Merci à tous les auteurs qui ont accompagné mes réflexions : Jean-Marc Lemaitre, Dr David Sinclair, Miroslav Radman, Chip Conley, Lucy Ryan, Sophie Dancourt, Charlotte Montpezat, Charles Pépin, Bérengère Philippon, Dr Olivier Courtin, Michel Cymes, Dr Jean-Paul Curtay, Gerard Shaw, Cécile Charlap, Marie de Hennezel, Don Miguel Ruiz, Michal Stawicki.

Merci à mes chers experts qui ont enrichi mes propos par leurs témoignages éclairants : Perla Servan-Schreiber, Sophie Kune, Laura Lesueur, Caroline Sarrot-Lecarpentier, Lucille Desjonquères, Philippe Douale.

Merci aux femmes qui m'inspirent de m'avoir livré leur vision de l'ambition, leurs conseils pour contourner l'âgisme et conserver sa liberté d'action professionnelle : Agathe Lecaron, Caroline Ida Ours, Justine Planchon, Lili Barbery, Sabrina Herlory-Rouget, Sandrine Alouf.

Merci à mon amoureux, Bertrand Saugnac, de son soutien sans faille et de sa très attentive relecture.

Merci à ma famille merveilleuse toujours à mes côtés, Monique, ma maman, Stéphane, mon frère et Claude, mon papa.

Merci à Barbara Astruc, Florence Gazel de Rochegonde, Caroline Obringer et toutes les équipes des éditions Leduc, pour leur soutien et accompagnement dans mes aventures éditoriales.

Merci à Stéphanie Chérond, La Brune Communication, de m'accompagner pour faire rayonner mon livre dans les médias.

TABLE DES MATIÈRES

CHAPITRE 1

VIEILLIR EST UNE CHANCE

CHAPITRE 2

VIEILLIR AU TRAVAIL

CHAPITRE 3

RÉHABILITER L'AMBITION FÉMININE

CHAPITRE 4

COMMENT PRÉPARER LES ANNÉES À VENIR ?

CHAPITRE 5

ACCROÎTRE SA VISIBILITÉ

CHAPITRE 6

ÂGE FIER, ÂGE FORT, EXPRIMER TOUTE SA PUISSANCE À 50+

CHAPITRE 7

ELLES M'INSPIRENT...

NOTES

NOTES

... et aussi

304 pages, 19,90 €

Cet ouvrage est composé de matériaux issus de forêts
bien gérées certifiées FSC®, de matériaux recyclés et de matériaux
issus d'autres sources contrôlées.

Le Forest Stewardship Council® est une organisation internationale
non gouvernementale qui encourage une gestion écologiquement adaptée,
socialement bénéfique et économiquement viable des forêts de la planète.
Pour en savoir plus, consultez le site www.fsc.org

FSC www.fsc.org
MIXTE
Papier | Pour une gestion forestière responsable
FSC® C022829

Achevé d'imprimer en septembre 2024
sur les presses de la Nouvelle Imprimerie Laballery
58500 Clamecy

Dépôt légal : octobre 2024
N° d'impression : 406464

Imprimé en France

La Nouvelle Imprimerie Laballery est titulaire de la marque Imprim'Vert®